辻清明の宇宙

独歩

辻清明の宇宙

写真・藤森武

タイトル文字――辻 清明
ブックデザイン――坪内祝義

目次

独歩の人　辻清明——林屋晴三

清明さんが遺した書のなかに「独歩」と「炎」の文字を大書したものがある。さまざまの秀でた先人の書に出会ってきたが、清明さんの二つの書は、決して上手といえないが優れている。まさに独歩で、土と炎の道を生きてきた人ならではの気迫と確かさのある書で、私の心を捉える。

彼はその著書に「私の人生は、いわば洪水の中を一人で泳いでいるようなものであった。どこかに勤めたこともなければ、一つの団体を頼りにしたこともない。一人の自由人として勝手気ままに生きてきたといえるだろうか。それだけ波風が立つことも多く、予想外の苦労を強いられたことも少なくなかった。しかし「波乱こそ人の頭をリフレッシュするものだと、今でも信じている」と感懐を述べ、八十一歳まで独歩に生きた自由人であった。

常識的な概念で辻さんの生涯を回顧するならば、少年の頃からすでに破格の人であった。彼は十歳の頃からロクロをまわし、十四歳のとき、父の屋敷内に姉輝子と共に「辻陶器研究所」の看板を掲げ、陶芸家として生きようと決めたのであった。父は證券にたずさわってかなり裕福であったらしく、息子の心根に理解を示し、その頃に名人の域に達していた職人を瀬戸から招き、清明にロクロ技を徹底して仕込ませたらしい。他の習い事もそうだが、少年の頃に身に着いた技は終生ゆるがないもので、辻さんのロクロ成形の確かさはそこにある。そして年輪が加わって土と語らい、想念が深まり、さらに離脱して、自由な造形美が生まれていったようである。

長い作陶生活のなかで、若い頃の磁器にはじまり、さまざまの陶芸やガラスに挑んでいるが、清明さんのやきものを象徴するものは、彼がいみじくも言った——明る寂びの陶——すなわち信楽である。土に炎をあびせて焼き締める信楽に、彼はその生命力を燃焼させた。ながい陶歴のなかで唐津などの釉ものも手がけてはいるが、やはり明る寂びの信楽に盡きる。質朴な姿のなかに端然とした風格がそなわっているのである。

昨年私は、清明さんにつづいて協さんの霊前に弔辞を捧げた。このようなことは八十一歳の今日まで他にないことで、極めて親密な交わりであったわけではないのに、お二人とは何か心の通うところがあったので、御遺族がそのようにされたのであろう。

清明さんのお葬儀の時、協さんがしっかりとした挨拶をされたので、これから彼女は元気に家を守り、仕事をするのだろうと内心喜んだ。ところが、その後一向に復帰することなく、遂に協さんも遠行することになってしまうとは、私としては、何とも言いようのない感懐を抱くのみであった。

しかし清明夫妻は、四人のお子さんを得、育てあげていた。私がやや早くから知っていたのは長女のけいさんで、独特の染織家として、サントリー美術館での現代の旗手展に選ばれて参加したときであった。清明さんや協さんとは折々に陶房を訪ねて楽しく語らった想い出はあるが、お二人からお子さんのことは聞いたことはなく、ただ陶談に時を費やしていたので、けいさんを知ったときは迂闊にも驚いたことを覚えている。

けいさんをはじめお子さん達と言葉を交わすようになるのは、むしろお二人の御逝去後に多くなり、ことにけいさんの人と作品には時間が経つにつれて感銘が深まり、独歩で我が道を歩みつつあるけいさんの姿勢が清明さんと重なる。不思議な美的感性を内にもつけいさんは、まさしく清明さんと協さんあって世に現われた一つの個性であり、妹さんも優れたハーピスト、息子さん達も我が道を歩きだすに違いない。

さらにけいさんを中心に四人の御遺族は、二人が造り、また蒐集されたほとんどの作品を、東京国立近代美術館、愛知県陶磁資料館はじめ、各地の美術館に寄贈され、清明さんと協さんの遺志を全うされたのは、快挙といえよう。

（はやしや・せいぞう　菊池寛実記念 智美術館館長）

てのひらとゆびの

──辻清明の器に寄せて──

谷川俊太郎

あわされたふたつのてのひら
とじればいのり
ひらけばうつわ

そのちいさなくぼみに
みずをくむ
おもいをもる

つちのやみにひそむ
すきとおるみず
ひとをまつかたち

それらをひかりへとさしだす
てのひらとゆびの
よろこび

谷川俊太郎詩集『真っ白でいるよりも』（集英社）より

うつわのうつろを
みたすのはつちのめぐみ
みずのそしてひのめぐみ

はねるもの
においたつもの
こぼれるもの

ししてなおむつみあう
いのちといのち
そのかがやき

つちにうまれ
みずにきよめられ
ひにきたえられ

うつわは
あたらしいだいち
いのちをささげもつ

信楽燕鉢 長径14.0㎝／1993

凡例

- 図版表記は、辻清明作品については、作品名称、寸法、制作年代の順とし、蒐集品については、作品名称、寸法、制作時代および制作年代、制作地域の順とした。寸法については、高さ、径、長径または長さのうちの何れか一つのみを記載した。
- 寸法、制作時代等の詳細を、日本語および英語で、作品掲載リストに記載した。
- 作品の名称については、基本的には箱書の標記および所蔵者の標記に従ったが、本書の趣旨に基づき、一部の表現を統一した。
- 聚楽土を用いた作品には聚楽を冠した。
- 岩手県東磐井郡藤沢町の土を用いた作品には、藤沢土を冠した。
- 韓国慶尚南道河東郡辰橋面白蓮里の井戸郷（セミコル）の土を用いた作品にはセミコルを冠した。
- 辻清明作品については、作家使用の文字表記とした。
- 日本のガラス作品には「硝子」、それ以外の地域のガラス作品については「ガラス」の表記とした。

作品

Works

壺中日月

1・信楽窯変羅漢花生
高さ28.2㎝／1990

2・信楽羅漢花生
高さ27.0cm／1990

3・信楽羅漢花生
高さ 29.7cm／1988

4・信楽自然釉羅漢花生
高さ 29.0㎝／1989

5
•
信楽耳付羅漢花生
高さ 28.7cm／1988

6
•
信楽鳥耳付羅漢花生
高さ 27.0cm／1993

7・織部羅漢花生
高さ 25.5㎝／1960年代

8 別面

8・藤沢土花生
高さ 25.0cm／1989

9・伊賀羅漢花生
高さ 27.8cm／1989

10・信楽花生
高さ 24.8cm／1993

11
•
信楽耳付水指
高さ 17.1cm／1993

12・信楽窯変水指
高さ 18.5cm／1993

13・絵唐津水指
高さ19.5cm／1986

14

•

信楽茶碗 銘 那智

径 12.2cm／1993

15
•
絵唐津茶盌
長径 12.7cm／1992

16
•
聚楽掛分茶盌
長径 12.2cm／1990

16 高台

17
•
信楽茶盌 銘 黄河
長径 13.2cm／1986

18
•
信楽窯変茶盌
長径 13.2cm／1986

19
•
信楽茶盌
径 13.8㎝／2006

19 高台

20
•
信楽窯変茶盌
長径 14.8cm／2006

20 高台

21
•
唐津井戸茶盌
径 15.5cm／1980

22
•
セミコル茶盌
径 15.2cm／1990

23
•
絵唐津茶盌
長径 12.8cm／1986

24
•
聚楽刷毛目茶盌
径 12.5cm／2006

25 高台

25
•
信楽自然釉茶盌
長径 13.5cm／1993

26
•
信楽自然釉茶盌
長径 12.0cm／1993

26 高台

27

•

信楽自然釉茶盌

長径 12.0㎝／1992

28
•
信楽窯変茶盌
長径 14.1cm／2006

29
•
信楽自然釉茶盌
長径 14.0cm／1987

30
•
絵唐津茶盌
径 11.6cm／1992

31
•
引出黒茶盌
径 11.0cm／1992

32
•
信楽窯変蕪鉢
長径 16.0cm／1993

33
•
信楽手鉢
径 20.0cm／1993

34
•
打鉄文唐津百合鉢
径 26.0cm／1986

35
•
信楽自然釉木葉皿
長径 17.5~21.5cm／1989

36
•
信楽木葉皿
長径 23.2cm／1993

37
•
信楽割山椒向付
径 13.0cm／1993

38
•
信楽金銀彩木葉皿
長径 37.5cm／1992

39
•
信楽銀彩丸板皿
径 19.0cm／1993

41
•
信楽自然釉盃
高さ 右 6.5cm、左 6.0cm
右 1986、左 1993

42
•
唐津盃
高さ 6.5cm／1975

42 高台

43
•
唐津大盃
高さ7.0㎝／1970年代

43 高台

44
•
信楽窯変馬上杯
高さ 9.1cm／1986

45
•
信楽窯変徳利
高さ 14.7cm／1993

46
•
信楽徳利
高さ 12.6cm／1965

47
•
伊賀陶盤 銘うねり
長径 50.0cm／1985

48
•
信楽盤
径 29.3cm／1978

49
•
信楽灰釉丸盤
径 34.3cm／1990

49 部分

50
•
信楽叩き文盤
長径 27.7cm／1988

51
•
信楽叩き文盤
長径 32.3cm／1993

52・信楽大瓶 銘 瓶の林
高さ 61.0~79.5cm／1982

53
•
信楽陶缶
高さ 13.0～25.5cm
1992～93

54
•
信楽釘掛花入
高さ 23.0~33.8cm
1985~1991

55
•
信楽動物
鯰大 長径 23.0cm
1990~2006

56
•
信楽山羊角杯
高さ 12.5cm／1988

57
•
信楽窯変BOOK
長径 18.0cm／1988

58
•
信楽巻貝合子
径 32.0cm／1970

59
•
越前大合子 銘 大亀
長径 46.4cm／1969

60
•
信楽陶匣
径 35.6cm／1970

61
•
信楽大合子 銘 天心
径 45.0cm／1970

62
•
硝子鯰掛花生
長径 35.5cm／1991

63
•
硝子蝸牛文扇面板皿
長径 31.0cm／1991

64
•
硝子蕪鉢
径 23.0cm／1991

65
•
硝子蕪鉢
径 22.0cm／1991

66
•
硝子蕪鉢
径 21.5cm／1991

67

•

硝子蕪鉢

長径 22.5cm／1993

68 高台

68
・
硝子手鉢
長径 26.0cm／1991

69
•
硝子筒茶碗
長径 10.2cm／1991

70
•
硝子耳付水指
長径 27.0cm／1991

71
•
硝子石目流文大皿
径 40.0cm／1991

72
•
硝子缶形花生
高さ 26.5cm／1991

73
•
硝子百合鉢
径 16.0cm／1991

74
•
硝子百合鉢
径 21.0cm／1993

辻清明の陶業について——乾 由明

辻清明の自伝『焱《ほのお》に生きる』（一九九六年・日本経済新聞社刊）は、この陶芸家のまことに自在な制作の姿勢や幅広い交友関係が率直に述べられていて、興味深い読み物となっているが、その中に十歳前後の子供のときに父に手ロクロを買ってもらい、見よう見まねで回していたと記されている〔註1〕。その後まもなく専門の陶工について本格的にロクロを習いはじめ、十四歳で倒焔式の石炭窯を自宅に築いて、姉の輝子とともに辻陶器研究所を興したという〔註2〕。陶芸とは関係のない実業家の息子としては、これはきわめて特異な例であるが、しかもこの若年の頃に彼は、板谷波山と富本憲吉という二人の傑出した陶芸家の自宅をしばしば訪れては、直接教えを乞うという、得難い幸運に恵まれているのである〔註3〕。そして戦後いちはやく活発な作陶活動をはじめ、光風会などの団体展に出品したり、同志とともに「新工人」展を組織するなどして、新しい陶芸の可能性を探ろうとしていた。クラフトや造形的なオブジェの制作、あるいはやきものによる装飾品などをガス窯で焼いたのもこの頃である。

一九五五（昭和三十）年、辻清明は、多摩連光寺の高台に登窯を築いた。古陶磁に接するたびに薪《まき》で焚く窯が欲しいとかねがね思っていたが、たまたま父の知人の所有地を三〇〇坪ほど買い取ることができたのである。しかし登窯を築いたのは、たんに古陶磁の制作に倣《なら》うだけでなく、やきものを既成の枠《わく》から外《はず》し、いわばその原初の状態においてとらえ直そうと決意したからであった。以後彼は、いかなる師に就くことなく、またいかなる団体に所属することもなく、独立独歩、ひたすら自己の信ずるところにしたがって思いのままに制作を続けて、生涯をつらぬき通した。現代の陶芸家で、これほど土と火の根源にまで仕事を深めた人は、蓋《けだ》し稀《まれ》であるといわなければならないだろう。そしてまた一人の人間として、これほど権威や名誉に阿《おもね》ることなく、徹頭徹尾、潔《いさぎよ》い生き方を全うした人も多くないと思われる。

多摩へ築窯して数年間、「日本人独特の魂の原点」〔註4〕ともいうべきやきものは何かと考えて試行を重ねた末、辻清明が自己本来の仕事と見定めて取り組んだのは、信楽《しがらき》の土による無釉焼締陶であった。珪石や長石の混入した信楽の土は、高温に耐えるが荒々しく粘り、ロクロを挽くには熟練を要する。しかし彼は、まさにその荒々しい土肌と明るく冴えた火色、あるいは温かみのある枯淡な作行《さくゆ》きなどが、日本の風土に根ざした親しみ易さをもつとともに、自己の資質にもっとも適していると考えたのである。とりわけ彼が信楽に惹かれたのは、その焼締陶の全体に見られる「明《あか》る寂び」という「夜明けの空に似た明るく澄んだ気配」〔註5〕である。「明る寂び」とは余り聞き慣れない言葉だが、辻清明はこれを山口論助氏の著書『美の日本的完成』（昭和十七年）の中に見出し、これこそ信楽の寂びた風情《ふぜい》の中に明るい華やかさをたたえた美しさを指すのにふさわしいと思ったのである〔註6〕。以後、電気窯やガス窯によることなく、ほとんど登窯による信楽焼締陶だけの制作を最後までつらぬいた。その一徹な仕事ぶりは、この作家の揺るぎない作陶の信念を余すところなく示している。

辻清明の仕事は、作品の種類からいえば、皿、鉢、徳利などの食器、壺、陶筥、陶盤、陶枕などの実用品、茶碗、花生、香合、水指などの茶陶類、あるいはステッキや空き缶などを模した陶彫など、きわめて多岐にわたっているが、一部の茶陶を除いて、いずれも信楽の作陶の手法によるものである。しかしそこから生み出された作品は、信楽焼の古陶の様式をそのまま踏襲した倣古的な仕事とはまったく異なっている。手法は同じでも、この作家は、信楽の土が火の洗礼を受けて生み出す活き活きした豊潤な美を、あくまで自由かつ率直に追求した。たとえばその板皿や盒子は、ただ信楽だけでなく、いかなる地方の古陶磁にも類のない独自な仕事であって、その土の板や塊を切り取って、焼き固めたような豪放な作品は、まるで長い風雪に耐えた岩石のような相貌を呈している。この自然の美質を一層凝縮したような特色は、辻清明の他の作品にも見られるところであり、土からそういう豊かな美と存在感を抽き出すこの作家の能力は、まことに驚くほかない。

焼締の陶器のもつ美しさは、窯変によって生じたさまざまな火色や焦《こ》げや自然釉の変化に負うところが大きい。そういう作品の景色や風情は、ある程度人知を超えた偶然の結果によることが多く、辻清明の仕事も、たしかにドナルド・キーンのいうように、「完全な熟考と完全な不可測性との結合」であるかもしれない。しかしもちろん彼は成形や窯詰めに細心の注意を払うに違いないが、その仕事は失敗をおそれることなく、まことに剛健で豪放である。焼成のときもひび割れなど余り気にせず、焼きに焼いて一、三〇〇度の高温に達することがあるという。つまりこの作家は、天賦の陶技にめぐまれながら、それを片々たる手先の技巧にもちいることなく、むしろできるだけ武骨とおおらかさに徹しようとするのである。そしてまさにここからたんなる技術を突き抜けた、この作家の骨の太い強靭な個性が立ち現われる。「五大自然（地・水・火・風・空）のリズムと一体になりきる造形を求めたい」〔註7〕と彼自身いうように、土に即し、火に逆らわず、ひたすら自然に身をまかせつつも——というよりもむしろ自然の内部に深く分け入るがゆえにこそ、そこから生まれた作品に見られるのは、紛れもなく辻清明という一人の陶芸家の存在の重さなのである。

かようにこの作家の仕事ほど、土自体の確かな存在と豊かな美を示現しているものはない。しかしまたこれほど土に依存することなく、きびしく自立している仕事も少ないだろう。したがってその作品の多くは、狭い日常的な実用の世界を超えてしまっている。もっともそうとはいえ、それはけっして人を寄せつけないような厳しさをもつものではなく、思わず手に持ちたくなるような親しみのある味わいをもつ。とりわけ徳利や酒盃などの酒器には、酒豪であるこの作家でなければつくり得ないような好ましい秀作が多い。

しかしその夥《おびただ》しい作品の中でも、私はとりわけ板皿や盒子や筥のような、どちらかといえば造形的な性格のつよい仕事を高く評価したい。板皿は、厚い陶土の板を無造作に削り落として縁《ふち》を切り固め、見込に型押しや線彫りを加えただけのものであり、盒子や筥は、土の塊を二つに割って内部を刳り抜いた重厚な仕事であるが、いずれも小さな使用目的を脱した確固とした造形(もの)として自立している。しかしそれはまたそれで、使おうと思えば何にでも使えるような、幅広い「用」の世界を包み込んでいるのである。つまり辻清明の仕事は、用と美という二元論をのり越えた、原始や古代のやきものに通じるおおらかな性格をそなえているといえるだろう。

このような造形的な作品とは別に、私はまた茶碗や水指などの茶陶にも注目したい。とりわけ彼が晩年大きな熱意をもって取り組んだ茶碗は、いずれも風格のある堂々とした作行きの仕事である。もちろん早くからいくつも茶碗はつくっているが、六十歳を超えてようやく頭で考えないで、手の中から茶碗が自然に形になって生まれてくるようになったという。また晩年になって、工房の近くに自身の設計で茶室も建てている。私は実見していないが、写真で見る限り、侘茶の草庵の形式による正統的な茶室である。いたずらに新奇をもとめず、茶道の基本のところはあくまで厳しく守りながら、自己自身の茶の湯を創っていこうとする姿勢をここに見ることができる。

辻清明は一方でまた、新古の美術品の蒐集におおきな熱意をもって取り組んだ。骨董や古美術を愛好した父の影響ではやくから蒐集をはじめたが、後年になって次のように述懐している。

「学校へはほとんど行かず、家庭教師について(これも父が采配をふるったのだと思う)焼物を習うようになってからも私の本当の師は、古い時代に名も知れぬ陶工たちが作った器や陶片だった。それは七〇歳を過ぎた今も変わらない」〔註8〕。

このように蒐められた蒐集品は膨大な数にのぼるが、その内容も陶磁器はもとより、木、金属、ガラス、漆、石などの工芸品、時代は縄文土器から現代のものまで及び、地域も洋の東西に及んでいる。また種類も利休や紹鷗の作と伝えられる信楽の茶碗や南宋天目鉢や青白磁盒子から日常の食器として使われた豆皿、あるいはパナマの土器やボリビアの木彫に至るまで、まことに種々雑多である。しかも蒐集の範囲はたんに美術や工芸にとどまらず、棚、机、テーブル、椅子など木の家具にまで及び、その種類も日本、朝鮮、ヨーロッパなど多様である。

このように辻清明のコレクションはきわめて雑多であるが、しかしその蒐集品のすべてには、すみずみまでこの作家の眼と心がつらぬいている。彼は、世の評価とは関係なく、また市場の価格にもとらわれることなく、あくまで自身の感覚と精神によって作品を選んで、まことにユニークなコレクションをつくり上げたのである。そういうところからこのコレクションはまた、彼自身の陶業と密接につながっている。つまりこの蒐集も、辻清明という芸術家のひとつの創造にほかならないのである。その豊饒な作品におけるのと同じく、この多彩なコレクションにおいても、紛れもなく辻清明という稀有の作家の煌めくような存在が立ち現われているのである。

（いぬい・よしあき　京都大学名誉教授・金沢美術工芸大学名誉教授）

註

1『焱に生きる 辻清明自伝』一九九六年・日本経済新聞社 6頁
2 同26頁
3 同32〜36頁
4 辻清明『折々の古器』一九九九年・世界文化社 73頁
5『焱に生きる 辻清明自伝』85頁
6 同85頁
7 同168頁
8 辻清明『折々の古器』6頁

猫図 縦44.0cm／1979

75・炎
縦86.0cm／1999

76
・
花
縦 64.0cm／1996

77
・
今
縦 98.0cm／1996

78
・
颪
縦 64.0cm／1999

82
・
雪花
縦 62.0cm／1997

81
・
炎花
縦 30.5cm／2006

80
・
花神
縦 61.0cm／1997

空花
活明

83
・
伝承
縦 99.0cm／1996

84
•
アリのまま
縦 60.0cm／1997

86
・
蟹図
縦 51.5cm／1996

85
・
鯰図
縦 31.0cm／1989

Collection

87
•
亀形笛
長径 10.0cm
縄文 紀元前10~5世紀
日本

88
•
鶏 埴輪
高さ 10.0cm
古墳 6世紀
日本

89・朱彩壺
高さ 33.8cm／弥生 2~3世紀／日本

90
•
短頸壺 須恵器
高さ 10.0cm
平安 9世紀／日本

91
•
灰釉杉葉文皿
径 12.1cm
平安 9~10世紀／日本

92
•
信楽土管
高さ 29.3cm
奈良 8世紀／日本

93・渥美壺
高さ 35.0cm／平安 12世紀／日本

94・珠洲壺
高さ 36.0cm／鎌倉 13世紀／日本

96
•
信楽壺 蹲
高さ 19.3㎝
室町 15世紀／日本

97
•
信楽瓶子
高さ 22.5㎝
室町 15世紀／日本

95
•
瀬戸瓶子
高さ 32.5㎝
鎌倉 13世紀／日本

98
•
信楽茶碗
長径 13.5cm
桃山 16世紀
日本

99
•
奥高麗茶碗
径 14.5cm
桃山 16~17世紀
日本

100
•
信楽風炉
高さ 31.5cm
室町 16世紀／日本

101
•
志野織部人物文皿(陶片)
長径 14.0㎝
桃山 16~17世紀/日本

102
•
唐津刷毛目劃花人物文大皿(陶片)
長径 26.2cm
桃山 17世紀／日本

105
•
唐津盃
高さ 5.1cm
桃山 16~17世紀
日本

103
•
絵唐津天蓋文皿
径 17.5cm
桃山 17世紀
日本

104
•
絵唐津草花文皿
径 18.0cm
桃山 16~17世紀
日本

106
•
志野織部草花文徳利
高さ 18.5cm
桃山 17世紀／日本

107
•
織部松文徳利
高さ 20.8cm
桃山 17世紀／日本

108
•
色絵猿文小皿
径 14.3cm
江戸 17世紀／日本

109
•
色絵花文変形皿
長径 15.5cm
江戸 17世紀／日本

110
•
色絵芝垣文六角向付
径 7.3cm
江戸 17世紀／日本

112
•
狂言袴茶盌
径 10.0㎝
高麗王朝 14世紀／朝鮮

111
•
把手付蓋壺
高さ 8.9㎝
伽耶 4~5世紀／朝鮮

113
•
鬼面瓦
長径 22.0㎝
統一新羅 8世紀／朝鮮

114
•
白磁徳利
高さ 11.5cm
朝鮮王朝 17世紀／朝鮮
•
鉄絵盃 磁州窯
高さ 4.5cm
金 12~13世紀／中国

115
•
鉄絵馬上杯 鶏龍山
径 12.0cm
朝鮮王朝 15~16世紀／朝鮮

116
•
三島徳利 銘 会釈
高さ 18.0㎝
朝鮮王朝 15世紀／朝鮮

117
•
青磁徳利、青磁盃
高さ 徳利 17.5cm、盃 7.5cm
隋 6~7世紀／中国

118
•
黒釉天鶏壺
高さ 23.3cm
東晋 4世紀／中国

119
•
白磁獅子形把手付水注
高さ 8.5cm
唐~五代 9~10世紀／中国

120
•
青白磁菊花形合子
径 14.3cm
宋 12世紀／中国

121
•
青花龍文盃
径 8.5cm
明 16世紀／中国

122
•
緑釉印花蓮文皿
径 14.0cm
陳朝 14世紀／ベトナム

123
•
鉄絵魚文盃
長径 10.3cm
スコータイ王朝 15世紀／タイ

124
•
褐釉象形壺
高さ 16.4㎝
クメール王朝 12~13世紀／カンボジア

125
•
彩陶駱駝
高さ 21.7㎝
六朝 6世紀／中国

126
•
彩陶牡牛形リュトン
高さ18.5cm
紀元前1千年紀／イラン

128
•
彩陶鶏
高さ 17.0cm
紀元前4~2世紀／南イタリア

127
•
褐釉象形盃
高さ 6.4cm
スコータイ王朝 14~15世紀／タイ

129
•
灰陶家形土器
高さ 11.5~16.5cm
後漢 1~3世紀／中国

130
•
白地刻線鳥文皿
径 19.2㎝
ビザンチン 12~14世紀

131
•
白地緑黄彩刻線文鉢
径 23.0㎝
10世紀／イラン

132
•
青釉鉄絵鉢
径 28.2㎝
13～15世紀／イラン

133
•
褐釉スリップ角皿
長径 35.5㎝
17～18世紀／イギリス

134
•
白地青紫彩放射文鉢
径 22.0㎝
16世紀頃／イラン

137
•
色絵草花文本形瓶
高さ 15.6cm
18世紀／ハンガリー

136
•
色絵花文スープカップ
長径 16.0cm
18世紀／オランダ

135
•
青彩草花文手付ジャム容器
長径 15.5cm
18世紀／スペイン

138
•
彩陶鳥形笛
高さ 12.3cm
ガイナソ 紀元前1世紀／ペルー

139
•
彩陶人物形笛
高さ18.5cm
ナスカ 5世紀／ペルー

140
•
彩陶高杯
径 23.3cm
コクレ 6~9 世紀／パナマ

141
•
彩陶高杯
径 27.0cm
コクレ 6~9 世紀／パナマ

142
•
彩陶高杯
径 25.0cm
コクレ 6~9 世紀／パナマ

143
•
彩陶鉢
径 28.5cm
コクレ 6~9 世紀／パナマ

144
•
如来像
高さ 35.2㎝
江戸／日本

145
•
東大寺二月堂 香水杓
長さ 74.2cm
鎌倉／日本

146
•
燈籠
高さ 30.0cm
江戸／日本

148
•
女神像
高さ 32.0㎝
室町~江戸／日本

147
•
男神像
高さ 42.0㎝
江戸／日本

151
•
桃花悟道図
縦 35.3cm

150
•
恵比寿・大黒像
左:恵比寿像 高さ 14.0cm
右:大黒像 高さ 9.6cm
江戸/日本

149
•
大黒像
高さ 8.4cm~13.6cm
江戸/日本

152
•
江月宗玩書清風鉢
径 48.0cm
江戸 17世紀／日本

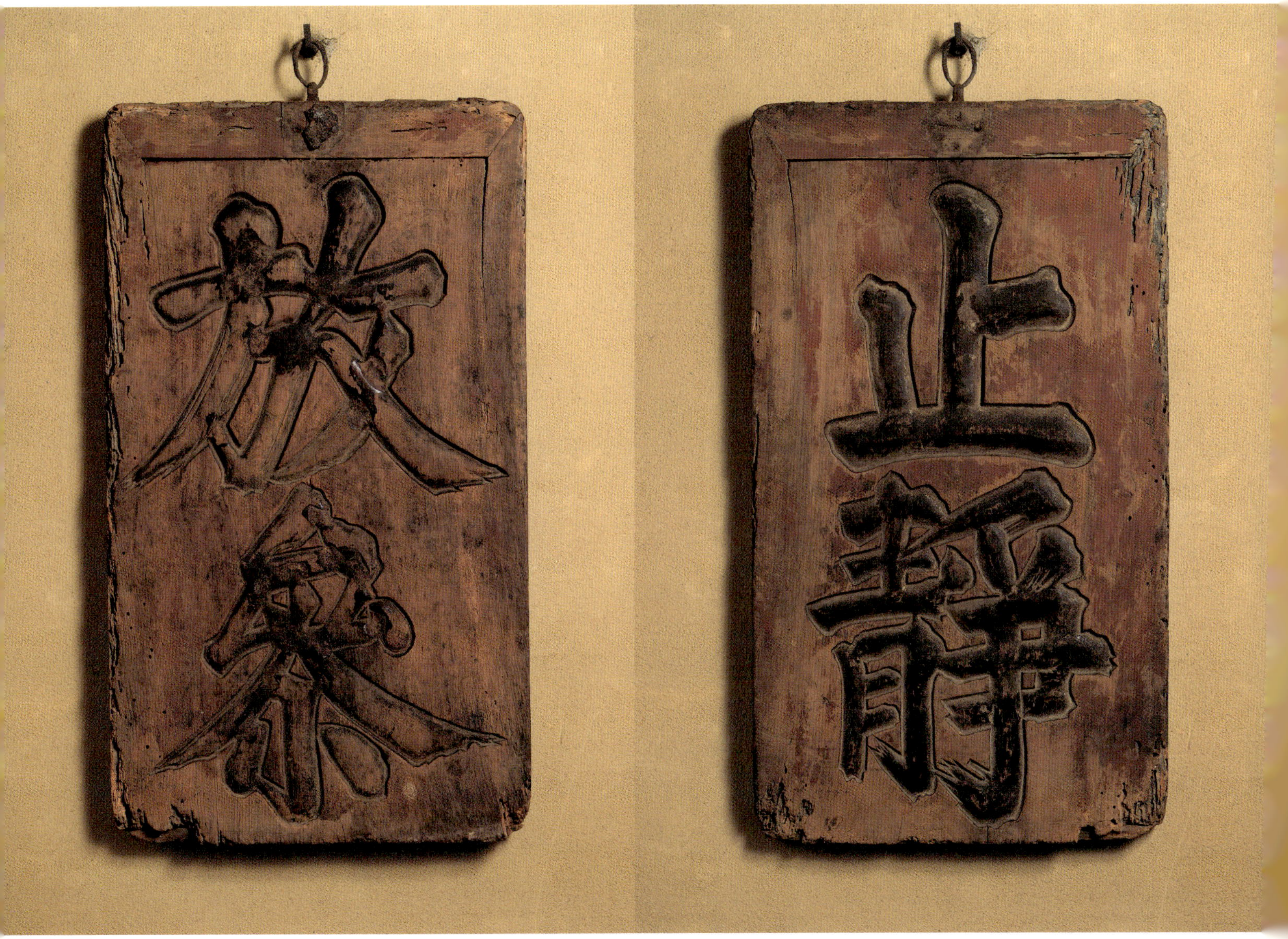

153
•
放參止静掛板
縦 50.0cm
室町~江戸／日本

154
•
笑嶺宗訢墨跡
縦 39.0cm
室町~桃山 16世紀／日本

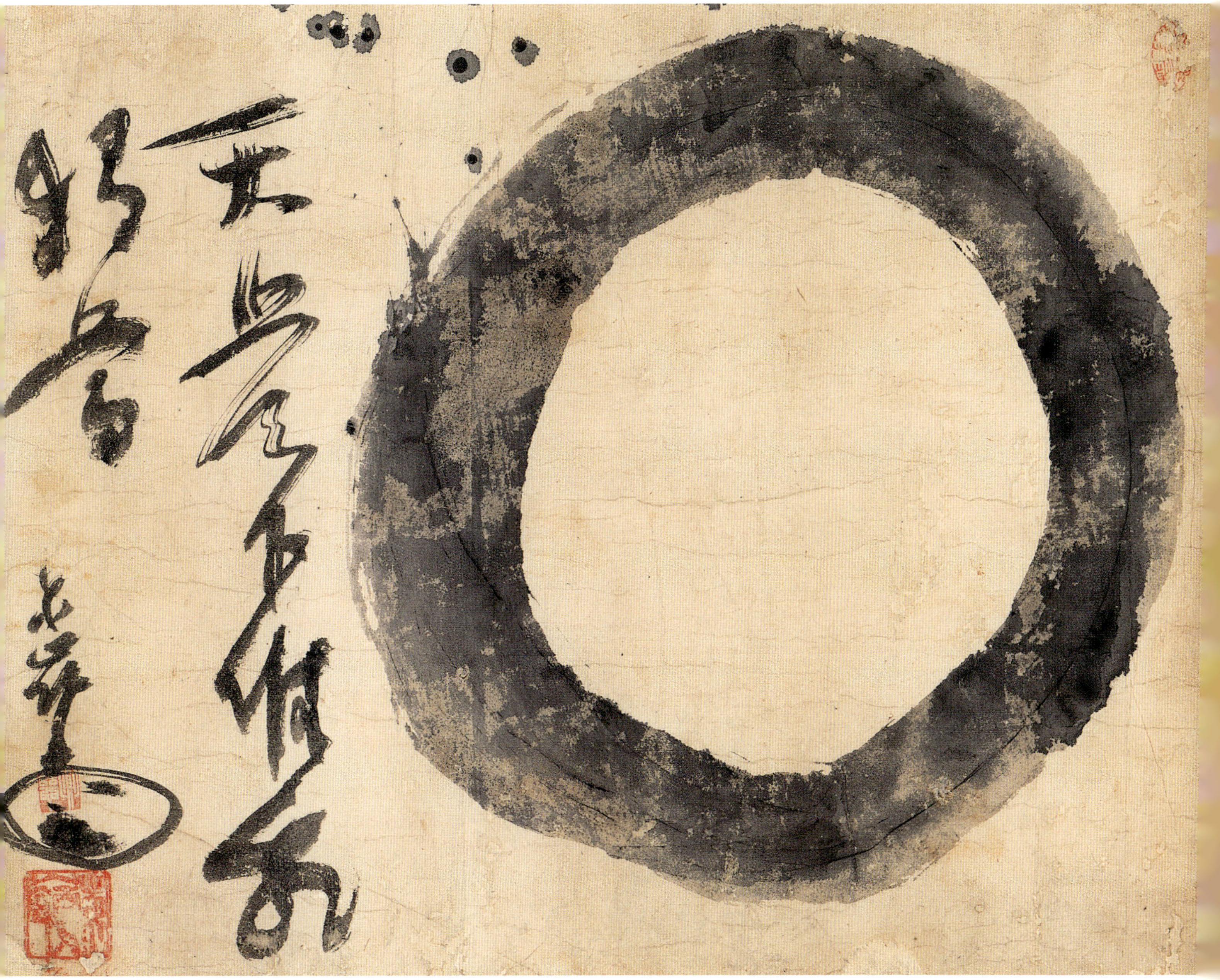

155
•
東嶺円慈筆円相
縦 40.0cm
江戸 18世紀／日本

156
•
辻清吉書
縦 32.5cm
1957／日本

157
•
辻清吉筆六面体
高さ 5.0㎝
1950年代／日本

158
•
切子硝子盃、切子硝子墨床
右:杯 径 8.6cm
左:墨床 長径 8.0cm
江戸 19世紀/日本

159・切子硝子三段重
高さ 21.0cm／江戸 19世紀／日本

160
•
紫色下蕪硝子徳利
高さ 13.5cm
江戸 18 ~19 世紀／日本

162
•
藍色硝子徳利
高さ 15.4cm
江戸 19世紀／日本

161
•
淡紫色手付硝子瓶
高さ 13.2cm
江戸 19世紀／日本

164
•
サンドコアアラバストロン
高さ 16.7cm
紀元前6～4世紀／エジプト

163
•
鋳造ガラス碗
径 14.5cm
紀元前3～1世紀／イラン

166
•
サンドコアアンフォリコス
高さ 12.7cm
紀元前2~1世紀／シリア

165
•
サンドコアアンフォリコス
高さ 15.5cm
紀元前2~1世紀／シリア

168
•
吹きガラス手付二連香油瓶
高さ 20.5cm
4~5世紀／シリア

167
•
サンドコアアラバストロン
高さ 9.2cm
紀元前6~4世紀／東地中海沿岸域

171
•
吹きガラス小鉢
径 11.1cm
10 世紀／イラン

169
•
マーブルガラス長頸瓶
高さ 10.5cm
紀元前後／東地中海沿岸域

172
•
藍色吹きガラス碗
径 9.5cm
8 ~10 世紀／イラン

170
•
藍色吹きガラス小壺
高さ 4.5cm
3~4世紀／シリア

173
•
白瑠璃碗
径 11.5cm
5~7世紀／イラン

174
•
ゴールドサンドイッチガラス角板
径 8.5cm
9～12 世紀／シリア

175
•
吹きガラス鳥
高さ 3.8cm
5~7世紀／イラン

176
•
吹きガラス藍斑杯
高さ 6.5cm
5~7世紀／イラン

177
•
金彩花文ガラス皿
径 15.0cm
18世紀／ポルトガル

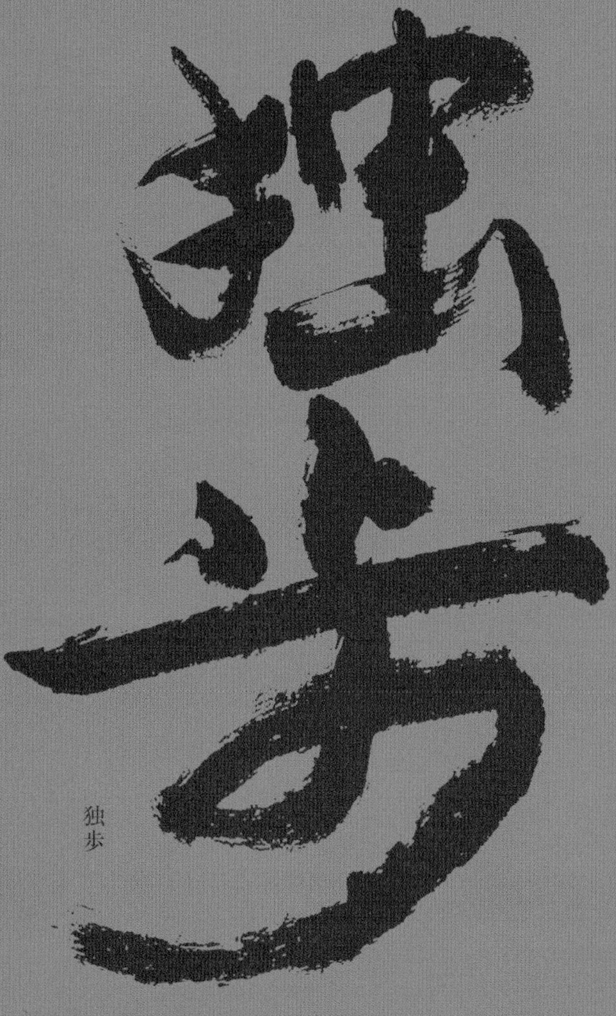

独歩

日本のやきものは木の家、畳の上で使われてこそ美しさが際立つ。
時々、自作の茶室で茶をたて、〝茶碗〟と〝対話〟することがある。茶碗は使うことによって新たな生命が生まれるからで、手のひらで〝宇宙〟を抱え込んでいる、と感じるのはそんなときである。
一塊の土から生じる器は人間の生活、さらに精神、生命の奥底さえ見せてくれる。土という自然の素材、火という自然の力を借りて焼き上げるところに、やきものが精神に訴えるわけがある。
人間は自然の恵みを受けて文化や生活を創造してきた。私がこれからもめざすものは、その〝精神の美術〟である。——折々に思うこと　辻 清明

清明窯

安部公房

植物的な抒情をまったく感じさせない古代的な形。
物理的な力としての火によって、
あらゆる植物的なものは焼きつくされ、
土は金属のような艶をおびはじめている。
火と闘いぬいた土の休息。リンゴの皮をむくように、
石の皮をむけるナイフの存在を信じ込まされそうだ。
あくまでも強情な自然と、それ以上に強情な
人間との力くらべがここにある。
だからこそ、偶然や自然らしさをよそおった、
人工的な偽バロック趣味とは
はっきり区別することができるのだ。
火に耐えうるために、その土の内部にぬりこめた
「内圧」の造形だけが、作者の意志であり、
意図なのだろう。作者の沈黙がひびきつづける。

「陶器に関するエッセイ」新潮社 芸術新潮／1974年3月号「現代の食器」より

辻さんの作品――ドナルド・キーン

初めて辻清明さんに会ったのは、四十年近い昔で、辻さんと親しかった作家・安部公房さんに連れられてお宅に行き、二時間ほどいた。実はそれまで、辻さんのお名前は、聞いたことがなかった。

もともと陶磁器への私の興味は、終戦直後に海軍将校として中国に駐留していた時期に始まり、当時向こうで買った宋代の磁器が私の美の基準になっていた。それ以外の物にはさほど興味がなかった。趣味に合わない物を見せられたらどう挨拶しようと、それを考えながら行った。

お宅で作品を拝見する前に、まず辻さんに会って話した。私の先入見は一変した。辻さんは広く世界の芸術に興味と知識を持つ、面白い人だった。その後で登り窯を見せられた。窯の火にはすでに電気、ガスなど、はるかに便利で効率的な火力が使われ出していたが、辻さんは断固として薪に頼る人らしい。薪の持つ不確定さ、その不確定さがあるからこそ、薪は面白いのだと言った。

焼成が正しく行われなければ、半年がかりの作陶の努力は無に帰す。伝統的方式を守る作家は、薪の具合と火加減に心を砕いていた。巧くいったとき、窯は作家自身の想像を超える名品を生み出す。

辻さんは薪の窯の偶然性にすべてを託した、または作品を窯まかせにした、などと言いたいのではない。辻さんは精魂こめて完成時の作品の色や肌合いを考え、工夫した。だが、そういう熟慮があってもなお、作陶技術と窯の全き偶然性の結合は、人の想像を超える名作になって実を結ぶのである。

辻さんの作陶活動は、実用を目的としない物にまで及んだ。帽子や杖はその一例だろう。それは辻さんの空想の産物であり、陶芸家・辻独特の線や卓抜した技術を示すものとして、作品自体の存在感を持つものである。

現代人の感じる辻作品の魅力は、無理のない自然さ、一見すべての技巧を排した素朴さにある。それは、足元から掬い取り、他の陶芸家なら不純物として捨てたであろう小石や木屑も一緒くたに、土をそこへ置いたという感じを与える。だが、それは決して無技巧でも一瞬のひらめきでもなく、長い思慮と努力に裏打ちされている。何気なくひねったように見える作品にも、そこには真の芸術家・辻清明の個性がしっかり刻印されているのである。

訳・徳岡孝夫

Reflections on The Art of Tsuji Seimei

Donald Keene

I first met Tsuji Seimei about forty years ago. I was taken to his house by Abe Kōbō, an old friend of Mr.Tsuji's, and spent a pleasant hour or two with him. To tell the truth, I had never heard of Mr. Tsuji before. Although my interest in ceramics went back to the time when I was stationed in China as a naval officer just after the war, my tastes had been formed by the Sung porcelains I bought at that time, and I was not much interested in other kinds of ceramics.

It was therefore with feelings of uncertainty that I accompanied Mr.Abe to Mr.Tsuji's house. What, I wondered, would I say if discovered that I disliked his works? Fortunately, however, I met Mr.Tsuji before I saw any of his works, and I was at once impressed. He clearly was a man of great taste and integrity who had a wide knowledge of the arts of the world.

Later, I was taken to see the climbing kiln. There are now ways of firing pottery by gas or electricity, and they are far more efficient than using firewood in a climbing kiln. Many potters have switched to these new methods, but Mr. Tsuji evidently decided that despite its uncertainties, or perhaps because of its uncertainties, he preferred the old way. If a kiln does not function properly there is a danger than six months of work will be ruined. The pottery backed in the traditional way may be a failure, no matter how carefully the fires are set, but when all goes well the results are sometimes surprising even to the potter. This is not to say that Mr. Tsuji's works are produced by accident or that he surrenders to the kiln all control over the shapes and textures of his works. On the contrary, there can hardly be a potter who more carefully considers the ultimate appearance of each piece; but after all the preparatory work has carefully been done and the pieces are fired in the kiln there is a possibility of an unpredictable natural enhancement caused by the varying materials and the varying heat within the kiln. The combination of the completely premeditated and the completely unforeseeable makes his works memorable.

He has also expanded the range of ceramic activity to include shapes that have no immediate use, notably his hats and walking sticks. Both are undoubtedly proofs of Mr.Tsuji's sense of fantasy. They also afford proof of his remarkable virtuosity as a potter. But like all his works, whether or not in familiar shapes, they insist on being looked at for themselves.

The appeal of Mr.Tsuji's works to contemporary Japanese stems from their spontaneity and seeming lack of artifice. They look as if they were fashioned from clay scooped from the earth, disregarding pebbles or bits of wood which might be treated as impurities by other potters. This apparent spontaneity is not a deception; it is, in fact, the final stage of a process that requires elaborate preparation, and is not a careless or spur-of-the-moment activity. Even the most effortless work of Mr. Tsuji is imprinted with the mark of a true artist.

辻清明 年譜（森孝一・編）

年号		年齢	主な作品	出来事	
一九二七年	昭和2			•東京府荏原郡世田谷町大字大師堂（現・世田谷区太子堂）に生まれる。父・清吉、母・とみの次男で、姉二人、兄一人の末っ子。父は和歌山県から上京し、兜町に株や公債の取引会社「辻清吉商店」①を興し成功、その一方で、学者、芸術家を支援し、参禅を行い、書画骨董を蒐集する趣味人であった。	•第八回「帝展」に第四部美術工芸新設 ①辻清吉商店は、千代田橋際に建つ当時の建築技術の粋を集めたモダンなビルで、最盛期には、社員百人を抱えていた。
一九三六年	11	9歳		•父の影響で骨董に興味を持ち、誕生日祝いに、本で見て気に入っていた野々村仁清作の〈色絵雌鳥香炉〉と対をなす〈色絵雄鳥香炉〉を偶然に古美術商が家に持ってきたので、買ってもらう。	•二・二六事件起こる
				■古美術へのめざめ 毎日のように古美術商が父の許へやってきては縁側で骨董を並べ、それを触らせてもらううちに「いいもの」と「悪いもの」に関する独自の価値観を身につける。のちに、「私の本当の師は、古い時代に名も知れぬ陶工たちが作った器や陶片だった。それは七十歳を過ぎた今も変わらない」といい、「子どもの頃から目にした夥しい古器や美術品の数々が作り手となってからの私にどれだけ多くのインスピレーションを与えてくれたか計り知れないものがある」と語っている。	
一九三七年	12	10歳		•昭和恐慌で「辻清吉商店」の経営は傾いていったが、趣味の骨董好きは止まらず、父に連れられて蒐集家を訪ねて名品を見て回る。 •この頃、父の蒐集品であった〈古瀬戸四耳壺〉に触発されてやきものに興味を持ち、手回し轆轤を買ってもらう。	•日中戦争起きる
一九三八年	13	11歳		•大森光彦の工房にいた根橋洋一に、その後瀬戸出身の轆轤師・加藤五郎に轆轤を始め陶芸の基礎を叩き込まれる。	•益田鈍翁（90）歿
一九三九年	14	12歳		•荏原尋常小学校を卒業。（三月） •国士舘中学に入学。（四月）この頃から、足の届く範囲で学者・大隅為三ほか陶芸家の工房を訪ね歩く。 •この頃〈隠れキリシタンの戸棚（木箱）〉を買う。	•第二次世界大戦始まる
一九四一年	16	14歳	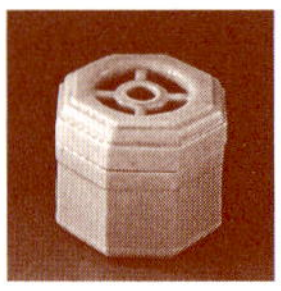 白磁面取香炉 1941年頃	•自宅に「辻陶器研究所」の看板を掲げ、最新の倒焔式石炭窯を備えて陶芸家への道を歩み出す。白磁、天目、染付、色絵を制作。姉の輝子が絵付をし、清明が素地作りや陶製の文房具を作る。この頃、〈白磁面取香炉〉を制作。 •春、陶芸に専念するため国士舘を夜間部に変更する。	•太平洋戦争始まる

一九四二年	17	15歳		・両親や姉の勧めで、東京南千住の陶磁器工場で働く。ここでは碍子のような硬質の磁器を製造する。材料をオイルプレス機で圧縮して成形し、焼き上げるという方法。その原料を分けてもらい、それが戦後のアクセサリー製作に役立つことになる。
一九四三年	18	16歳	 白磁陶硯 1943年頃  白磁香合 1943年頃	・髙島屋の川勝堅一②に陶製の文房具が認められ、美術部に常設のケースを与えられる。自作の〈白磁面取香炉〉を持って富本憲吉、板谷波山の許へ通い教えを受ける。また、益子の濱田庄司を訪ねる。 ・徴用で、立川の日立航空機の工場で働く。 ・この年より、父が持つ岩手県下閉伊郡田野畑村鉄山で、陶磁器の原料（珪石、長石）の採取を終戦まで行う。木を切り家を建て、畑を耕し炭を焼くといった三年間の田舎暮らしが「日本人の生活の原点」に触れる貴重な体験となり、のちの木に対するこだわりや物作りにも大きく影響を及ぼす。
一九四七年	22	20歳	彫込花器「顔」	
一九四八年	23	21歳	 ブロンズ花器  ブロンズ魚盤	・「新匠美術工芸会展」③に出品、初めてグループ展に参加する。（六月） ・宮之原謙が使っていた千葉市稲毛の窯で焼いた作品を持って、北海道拓殖銀行ロビー並びに北海道丸井デパートで初個展。
一九四九年	24	22歳	磁器製のアクセサリー、イヤリング、ブレスレット	・ガス窯を自宅に設置し、姉・輝子と二人でステアタイト磁器製のアクセサリー④を製作する。
一九五〇年	25	23歳		・「型々工芸集団」⑤の展覧会に出品。 ・「辻輝子、辻清明二人展」（中央公論画廊）開催。
一九五一年	26	24歳	 天目釉平茶盌 1950年代初め	・同志八名と共に「何んの会」を創立。（九月） ・「何んの会」を「新工人」⑥に改める。（十一月）
一九五二年	27	25歳	辰砂花瓶	・「第三十八回光風会展」⑦にてK氏賞を受賞。（四月） ・「第一回新工人展」（銀座・資生堂）に〈辰砂花瓶〉を出品。（六月） 以後、第八回（五八年）まで出品。

② 髙島屋の美術部を経て大番頭として活躍。河井寛次郎や棟方志功の理解者として、与謝野鉄幹・晶子の弟子としての業績はよく知られている。また、日本美術から東洋美術にいたる蒐集は、「幻のコレクター」と美術界では呼ばれている。

③ 一九四七年、富本憲吉を中心に結成された在野工芸家団体。五一年「新匠会」、七六年「新匠工芸会」と改称する。

・八木一夫ら走泥社結成

④ 耳飾りをイヤリング、腕輪をブレスレットとネーミングしたアクセサリーが飛ぶように売れた。しかし、「陶芸家となることを志しながらこんなことを繰り返していては自分は駄目になる」と思い、二、三年後には手を引く。

・東京美術学校と東京音楽学校の統合により東京藝術大学となる（五月）

⑤ 戦後の新しい生活から生まれてくる工芸の創造を目指して、漆工の辻光典、金工の帖佐美行らによって結成された在野工芸家団体。一九四七年に第一回展開催。

⑥ 彫金家・北原千鹿の子息・央、漆の佐藤正巳、金工の金田正士、中村俊介、石彫の木村賢太郎、陶芸の加藤達美ら芸大出身の作家らと「何んの会」を創立。その二ヶ月後には「新工人」と改め十年余り活動を続ける。

⑦ 帝展系の洋画家・中沢弘光らが結成した在野美術団体。杉浦非水らによって工芸部が設けられ、一九五一年には光風会工芸賞が設けられる。

・「第一回現代陶芸展」（朝日新聞社主催）開催

年	昭和	年齢	作品	出来事	社会
一九五三年	28	26歳	花瓶／花器／馬上杯 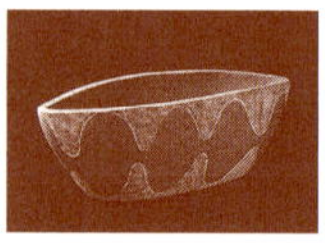 象嵌花器	•「新工人」を通じて知り合った和田協子（前年、女子美術大学洋画科を卒業）と結婚。（一月） •「第三十九回光風会展」に花瓶などを出品、光風会工芸賞を受賞。（四月） •長女・啓子誕生。（六月） •夫婦でやきもの修業の旅に出る。（九月） 岩手県久慈を経て栃木県益子に向かう。 益子では、地元の佐久間藤太郎の世話で煙草の葉の乾燥小屋に住み込み、成井窯で修業する。⑧	•「陶説」創刊 ⑧益子の濱田庄司を訪ねるが、渡米中のため、合田好道の紹介で成井窯で働く。この旅で本格的な登り窯での制作に憧れ、再度夫妻で益子を訪ねる。
一九五四年	29	27歳	魚水盤	•「辻輝子、清明陶器展」（中央公論画廊）開催。（四月） •「第二回生活工芸展」⑨（銀座・松坂屋）に新工人が初めて参加する。（六月） 以後、第六回展（一九五八年）まで毎回出品する。 •「新工人小品展」（新宿・ウィスタリア）に出品。（十月） 翌年も同展に出品。	⑨戦後に誕生した在野の工芸団体が集まり「現代生活工芸協会」を組織、朝日新聞社と共催で一九五三年「第一回生活工芸展」を開催する。 •「第一回日本伝統工芸展」開始
一九五五年	30	28歳		•「第三回生活工芸展」にて現代生活工芸協会賞を受賞。（六月） •長男・清一誕生。（六月） •都下南多摩郡連光寺に転居、半陶半農の生活を始める。 登り窯を築窯。（十一月）	•石黒宗麿、荒川豊蔵、濱田庄司、富本憲吉らが重要無形文化財保持者（人間国宝）に認定される •日本陶磁協会賞が設定される •「日本工芸会」結成
一九五六年	31	29歳	練上花器	•「生活工芸展」審査員に新工人から選出される。（三月） •当時、東京では珍しい登り窯というので、加藤土師萌や加藤唐九郎ら多くの人が工房を訪れる。	
一九五八年	33	31歳	黒釉花生／信楽自然釉茶盌／信楽自然釉窯変茶盌／信楽自然釉水指／鉄絵板皿／絵唐津徳利	•この頃、東上野で胃腸科医院を開業する岡部敢（珍味先生）と出会う。 •信楽と益子の土を合わせて、唐津風の作品を制作する。	•社団法人日展が発足
			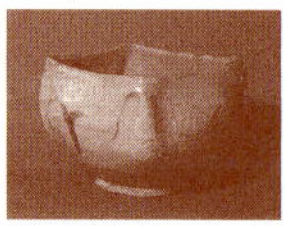 鉄絵四方鉢 1958年頃	■食器への関心 岡部敢は、茶の湯を愛する数寄者で、国焼のコレクター。趣味で作陶をし、魯山人や清明窯で作品を焼いて個展を開催。訪ねると自慢の豆皿や手塩皿に全国の珍味を盛って出されるので、辻は「珍味先生」と呼んだ。「私が食器に本格的に関心を持つようになったのは、岡部先生と知り合ってからだ」と自伝の中で語っている。	
一九五九年	34	32歳		•小山冨士夫から「六古窯」の話を聞き、この頃から焼締陶に興味をもつ。 •伊勢湾台風下、暴風雨の中窯焚きを続けるが、作品一点を除きほとんど全滅の目にあう。（九月）	•〈永仁の壺〉重文指定 •北大路魯山人（76）歿
一九六〇年	35	33歳	信楽花生／信楽自然釉水指／信楽大壺／信楽自然釉徳利「春雪」／信楽自然釉壺／備前壺／緑釉大壺  備前平茶盌	•この年、藤原啓の個展（壺中居）で啓を知る。その後度々備前を訪ね、啓の仕事場で作陶をする。この時、金重陶陽とも会う。 •この頃、安部公房と知り合う。⑩	•永仁の壺事件 •「第七回日本伝統工芸展」から一般公募となる ⑩お互いの娘同士が桐朋学園の同級生で、夫人同士が女子美の先輩後輩だったこともあり親しく付き合う。 安部と一緒にロックフェラー、ドナルド・キーン、アーサー・ミラーも工房を訪れたという。
一九六二年	37	35歳	布目花生／信楽花生／連光寺土鉄絵板皿／信楽自然釉壺／信楽自然釉徳利／信楽蝶文徳利	•「辻清明、辻協新作陶芸展」⑪・（日本橋・三越）開催。（三月） 信楽土による自然釉の花器、壺、酒器、茶器などを出品。 この個展で、最初に評価してくれたのが大徳寺の立花大亀老師であった。	⑪信楽（焼締陶）を中心とする清明と、磁器も作る協の作品を同じ登り窯で焼く。灰の降る場所を計算し、作品を立てたり寝かしたり、様々な工夫をする。

一九六三年　38　36歳

緑釉布目板皿／伊賀合子／信楽自然釉馬上盃／信楽自然釉ジョッキ

連光寺土刷毛目花生

- 「現代陶芸代表作家展」（岡山・天満屋）に招待出品。（六月）
- 「辻清明・協作陶展」（日本橋・三越）開催。酒器、食器を出品。（九月）
- 辻清明編『趣味のやきもの作り』（徳間書店）を出版。（九月）
- 「辻清明展」（五島美術館主催）開催。（十月）
- 次女・史子誕生。（十一月）
- この年「皿展」（日本橋・白木屋）開催。
- 米国ホワイトハウスに〈緑釉布目板皿〉が買い上げられる。
- 仏国ギメ美術館に〈壺〉が所蔵される。

- 富本憲吉（77）歿
- 板谷波山（91）歿
- 川喜田半泥子（83）歿
- 「朝日陶芸展」発足
- この頃、日曜日ごとに工房を開放し陶芸教室のようなことをする。アメリカ、カナダ、メキシコの大使館員などが数人集まって作陶を習う

一九六四年　39　37歳

信楽窯変自然釉壺／信楽水指「武蔵野」／信楽自然釉湯呑／信楽自然釉ジョッキ

信楽自然釉水指

越前薬壺

- 第九回（一九六三年度）日本陶磁協会賞⑫を受賞。（四月）
- 「第二回明陶展」（新宿・伊勢丹）に〈信楽自然釉壺〉などを出品。以後、第五回（一九六七年）まで出品する。（六月）
- 南画廊の志水楠男と共に米国の画家、サム・フランシスが工房に来訪し作陶を試みる。雑誌の取材のため大岡信、東野芳明らも来訪。以後、多くの異分野の芸術家との交流が始まる。
- 「辻清明・協作陶展」（銀座・松屋）開催。（七月）
- 「現代国際陶芸展」（朝日新聞社主催）に〈信楽窯変自然釉壺〉を招待出品。（八月）
- 「辻清明・辻協作陶展」（日本橋・三越）開催。（九月）
- 平櫛田中に認められ、骨壺の制作を頼まれる。
- 「日本酒にちなむクラフト展」（上野・松坂屋）に出品。（十一月）
- この年小山冨士夫の紹介で、秋山光和とモーリス・パンゲ（哲学者）が工房に来訪。パンゲを案内して松江、奈良、京都、備前、瀬戸を回る。

⑫一九五四年、加藤土師萌の提案によって、毎年その年の最も優秀なやきものを作った新進作家に与えられる賞としてスタート。一九七三年には、長年の功績に対して与えられる金賞が設定された。

■明る寂び

この頃、山口諭助《ゆすけ》の『美の日本的完成』によって「明る寂び」の概念に目覚め、それを体現する信楽を自分の道と定める。辻は、寂びを分けると信楽は「明る寂び」で、備前は「冷え枯れの寂び」という。また「『明る寂び』というのは、寂びの風情を漂わせながら、夜がしらじらと明けていく陽をも孕んだ透明感のある美しさのことである」と解いた。

一九六五年　40　38歳

信楽羅漢花生／信楽捻掛花生／信楽窯変水指／信楽茶碗「赤鬼」／信楽魚皿／信楽四方板皿「武蔵野」／信楽自然釉陶盤／焼締信楽鉢／信楽徳利／信楽板皿

信楽自然釉大徳利

- 個展を控えた一月、大雪の重みで窯の屋根が崩落する。（一月）
- 「第七回日本陶磁協会賞受賞作家展」（日本橋・三越）に出品。以後、第四十九回（二〇〇八年）まで出品をする。
- 「陶磁の新世代展」（五島美術館主催）に〈信楽窯変水指〉を招待出品。（七月）
- 個展（日本橋・三越）開催。（九月）
- 「くらしのうつわ展」（銀座・松屋）出品。（九月）翌年も出品する。
- 次男・文夫誕生。（九月）
- 米国のインディアナ大学美術館に〈信楽自然釉壺〉が所蔵される。

一九六六年　41　39歳

信楽壺「稲妻」／信楽窯変水指／信楽板皿／信楽石目板皿／信楽自然釉瓢形徳利／信楽火襷ぐい呑

- 「うつわ二人展」（銀座・松屋）開催。（四月）
- 「辻清明、協二人展」（日本橋・三越）開催。（九月）

- 河井寛次郎（76）歿

一九六七年　42　40歳

信楽窯変花生／信楽自然釉大徳利／信楽自然釉ぐい呑／信楽自然釉板皿

- 父・清吉（76）死去。（四月）
- 「辻清明、協二人展」（日本橋・三越）開催。（五月）
- 米国ペンシルバニア州立大学美術館に〈信楽窯変花生〉が所蔵される。

- 金重陶陽（71）歿

一九六八年　43　41歳

信楽窯変壺／信楽合子／信楽自然釉徳利／信楽板皿／緑釉羅漢花生

- 「現代陶芸の新世代展」（東京・京都国立近代美術館主催）に〈信楽窯変壺〉他十一点を招待出品。（四月）
- 個展（日本橋・三越）開催。（十月）
- この年、豪州・シドニーにて個展。

- 石黒宗麿（75）歿。加藤土師萌（68）歿
- 文化庁が設置される
- 明治百年記念式典
- 濱田庄司文化勲章受章
- 川端康成、ノーベル文学賞受賞

一九六九年　44　42歳

信楽自然釉陶盤「武蔵野」／信楽大亀／信楽練上陶筥／越前大亀合子／越前土合子「大亀」「亀」

信楽陶匣・信楽陶筥「球と方形の対話」

- 母、とみ（75）死去。（一月）
- 「辻清明陶芸二十五周年展」（日本橋・三越）開催。（四月）

- 東京国立近代美術館新館（北の丸公園）開館
- 金重陶陽賞設定、藤原啓が受賞

一九七〇年　45　43歳

信楽大合子「天心」／信楽練上合子／大盒子「塊」／信楽巻貝合子／信楽陶匣／信楽扇面板皿／信楽四方板皿／信楽三角板皿／信楽叩き板皿／信楽鳥水滴／信楽亀香合

信楽練上陶筥「室生寺」

信楽大壺

信楽三角盤

- 京都国立近代美術館に〈信楽壺〉が所蔵される。（四月）
- 「現代の陶芸―ヨーロッパと日本―」（京都国立近代美術館）に〈大合子「塊」〉を招待出品。（六月）
- 東京国立近代美術館に〈信楽陶匣・信楽陶筥「球と方形の対話」〉が所蔵される。

■信楽大合子「天心」

「天心」とは文字どおり、天の心である。私が信楽の土に魅せられてより、もうかれこれ半世紀がたとうとしている。この荒ぶる山土は強靱な焼きものとなり、あたかも地球の奥深い内部に吹きあげるマグマの強烈な炎に溶融凝固する火成岩のようではないか！　と思わせた。そしてまた、人類の原風景の中に想いを馳せたとき、気の遠くなるような「時」の累積に生成された土の塊が私の手から発信し、「天心」のかたまりとなった。内なるものをえぐり取っていく作業の中でも、私はひとつの自分の地底宇宙と、同化していくように思えた。それはとてつもなく激しい窯炎を呼び、火口に吸いこまれた空《くう》の風が厳然と、黙した土塊と戦いぬいた〝かたち〟となった。私は、きっと私自身の地球を〝心の天〟におきかえようとしていたに違いない。（「現代日本の陶彫作家展」彫刻の森美術館（一九九六年）図録所収の〈信楽大合子「天心」〉の解説より）

■ぶらり旅

八王子の居酒屋で飲んでいた彫刻家・関頑亭ら友人と行き先も決めないでタクシーに乗り、気ままな旅に出掛ける。この時は信州への四泊五日の旅。清明は思い掛けない人との出会いがある旅の魅力に惹かれ、ふらっと出掛けることがよくあった。銭湯に行くつもりで作業着姿のまま、途中で出会った友人と別府温泉へ行ったり、人生の妙味を教えてくれる究極のぶらり旅は、一度や二度ではなかった。

一九七一年　46　44歳

信楽自然釉花生／信楽羅漢花生／信楽陶筥／信楽自然釉徳利「狸少女」／信楽香合「亀」／伊賀ふくろう／唐津大盃

- 「第一回日本陶芸展」（毎日新聞社主催）に〈信楽練上陶筥「室生寺」〉を推薦招待出品。以後、隔年の展覧会に二〇〇五年まで推薦招待出品する。（六月）
- 個展（日本橋・三越）開催。越前土による茶器、花器、酒器を発表する。（十一月）

- 辻協、第十六回（一九七〇年度）日本陶磁協会賞受賞

年		歳	作品	事項	関連事項
一九七二年	47	45歳	信楽自然釉扇面盤／信楽陶筥／唐津羅漢花生／粉引ぐい呑  信楽板皿	•「辻清明作陶展」(八王子・大丸)開催。(十一月) •この頃、日本画家の前田青邨来訪。鎌倉の自宅に土を届け、成形したものを清明窯で焼く。	•川端康成(73)自殺
一九七三年	48	46歳	信楽自然釉茶盌／信楽灰釉茶盌／信楽自然釉鯰花入／信楽自然釉羅漢花生／越前土鯉掛花生／唐津茶盌／種子島徳利、ぐい呑 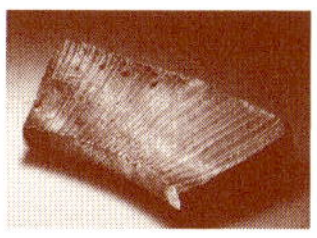 信楽扇面盤	•西独のダルムシュタット市で辻清明、協の「二人展」(ヘニッシ画廊)開催。夫妻で遊欧(四月)。この個展を機に、海外に日本のやきものを浸透させたいという憶いから、積極的に海外展に出品する。 •この年、桂又三郎、安部公房夫妻とその友人らが工房に来訪。 •米国のアートコンプレックス美術館に〈陶筥〉〈茶盌〉、伊国のファエンツァ陶芸博物館に〈茶盌〉が所蔵される。	•「第一回国際陶芸展」(中日新聞社主催)開始 •東洋陶磁学会設立
一九七四年	49	47歳	信楽水指「カボチャ」／信楽薬壺／信楽自然釉茶盌／信楽自然釉徳利「蓬莱山」／伊賀茶盌／伊賀瓢形徳利／唐津土井戸茶盌／信楽木菟	•「辻清明、協二人展」(池袋・西武)開催。(一月) •総理府迎賓館に信楽作品が買い上げられる。(三月) •数学者の高瀬礼文と小山冨士夫の花の木窯(岐阜県土岐市)を訪ねる。(八月) •個展(銀座・黒田陶苑)開催。(十月) •食器を主体とした「清明窯展」(八王子・大丸)開催。(十二月) •西独ミュンヘンのケイモリ・ジャパニッシュ・デザインスタジオに大合子、壺、板皿、花生、徳利などが常陳される。	•富本憲吉記念館開館
一九七五年	50	48歳	信楽柿茶入／信楽茶盌「赤不動」／信楽土風炉／信楽花器「増」／信楽自然釉花生／信楽水指／唐津羅漢花生／絵唐津茶盌／鶏龍山風徳利／伊賀陶筥／唐津盃  信楽木菟  信楽カボチャ水指	•「国際陶芸展」(中日新聞社主催)に〈自然釉信楽花生〉を招待出品。(六月) •益子にて荒川豊蔵と会う。	•小山冨士夫(75)歿
一九七六年	51	49歳	信楽鯰水指／信楽筒花生／信楽扇面盤／信楽小魚形皿／信楽自然釉徳利／伊賀鯰掛花生／唐津土井戸茶盌／金海土鯰掛花生／金海土徳利、ぐい呑	•「作陶三十五周年記念 辻清明展」(日本橋・壺中居)開催。(四月) •『ぐいのみ』(カラーブックス365保育社)を刊行。 •東独での「日本陶磁名品展」(シュベリーン国立美術館・ドレスデン国立美術館、日本経済新聞社主催)に招待出品。(九月) •金重素山、鈴木治、八木一夫、三輪休雪との「茶陶五人展」(新宿・ギャラリー益田)に〈信楽風炉〉〈木瓜型水指〉を出品。(十月) 翌年も同展に出品する。 •この年、韓国金海で作陶する。	

一九七七年	52	50歳	信楽自然釉花生／信楽鬼桶水指／信楽水指「武蔵野」／信楽百合鉢／信楽片口／信楽茶盌／信楽風炉／信楽陶缶／絵唐津土瓶／唐津茶盌／越前土茶盌／萩土灰釉茶盌／井戸茶盌  信楽土瓶	●柿傅ギャラリーで「くらわん会作陶展」⑬開催。（七月） 第二十一回展（一九九七年）まで出品する。 ●杉坂智男設計の北海道東北開発公庫仙台公宅の陶壁「太陽と雲 Wall, "Sun and Clouds"」を制作。 ●三上次男らが工房を訪ねる。 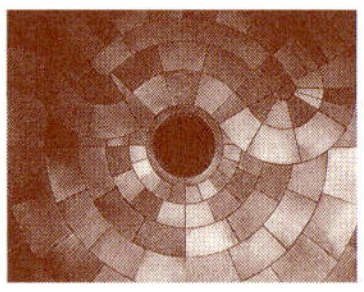 陶壁「太陽と雲」	⑬「くらわん会」の起こりは、会員が持ち寄って食器に御馳走を盛って会食をすることから名付けられた。参加者は、浅野陽、小野寺玄、加藤達美、島岡達三、瀧田項一、田村耕一、原清、藤原雄、三浦小平二らと辻夫妻。 ●前田青邨（93）歿 ●藤原建（53）歿
一九七八年	53	51歳	信楽山百合鉢／信楽花生／信楽柿水指／信楽盤／信楽蛙水滴／唐津井戸茶盌「瑞雲」／白磁小向付	●「辻清明作陶展」（新宿・小田急）開催。（四月）	●濱田庄司（85）歿
一九七九年	54	52歳	伊賀青海波盤「海底の中の対話」／伊賀自然釉鉢／信楽耳付水指／唐津茶盌／唐津皮鯨百合鉢／越前土茶盌  信楽ピッチャー	●「辻清明作陶展」（新宿・小田急）開催。（四月） ●「日本の名陶一五〇選～古代から現代まで」（山陽新聞社主催）に、〈信楽瓢透土風炉〉を招待出品。（五月） ●「京都新聞一〇〇周年記念 百盌名品展」に〈井戸唐津茶盌〉を招待出品。（十一月） ●中世から現代までの信楽焼を展観する「信楽展」（日本経済新聞社主催、伊勢丹美術館）を企画。同展に〈信楽大合子「天心」〉〈信楽陶筥「室生寺」〉を招待出品。 ●個展（青山グリーンギャラリー）開催。（十二月） ●国際交流基金に〈伊賀自然釉鉢〉〈伊賀青海波盤「海底の中の対話」〉が所蔵される。	●八木一夫（60）歿 ●バーナード・リーチ（92）歿 ●平櫛田中（108）歿
一九八〇年	55	53歳	井戸唐津茶盌／信楽大鉢／信楽花生／信楽自然釉花生／信楽輪花鉢／信楽自然釉土瓶／信楽百合鉢／唐津井戸茶盌  信楽徳利・信楽盃	●「現代陶芸百選展」（日本経済新聞社主催）に〈信楽大合子〉を招待出品。（一月） ●「清明窯展」（新宿・柿傅ギャラリー）開催。（一月） 以後一九八三年まで毎年開催。 ●季刊『銀花』に「火色の陶芸・火色の人生辻清明と協」（海上雅臣述）が掲載される。（三月） ●「山口長男・辻清明二人展」（銀座・ギャラリー・セゾン）開催。（四月） ●「炎で語る日本のこころ 辻清明作陶展」（新宿・小田急）開催。この個展で初めて茶陶を中心に展示する。（十一月） ●金重素山、鈴木蔵との「三人展」（日本橋・壺中居）を開催。（十一月） ●「クレイワーク やきものから造型へ」展（大津・西武）に招待出品。（十一月） ●モーリス・パンゲ、アンドレ・ロア、由水常雄らが工房を訪ねる。 ●「現代日本陶芸展」（香港アートセンター）に招待出品。	
一九八一年	56	54歳	信楽燕鉢／信楽陶匣／信楽石目丸盤／信楽火襷四方盤／信楽波文盤／信楽木葉鉢／信楽（帽子）／備前徳利、ぐい呑／唐津百合鉢  信楽燕文水指	●「日華現代陶芸展」（中華民国国立歴史博物館）に出品。台湾に赴く。（一月） ●「食器展」（東京美術倶楽部）に出品。（五月） ●画家・山口長男が工房に来訪、陶盤を制作。（六月） ●「多摩川船祭り」⑭を主催する。（八月） ●「三多摩陶芸展」（八王子・大丸）に出品。 ●西独陶芸展「FORMUND GLASUR'81」（フランクフルト、ヘキスト社一〇〇年記念館主催）に招待出品、夫妻で西ドイツへ赴く。	⑭多摩川から姿を消す屋形船の老船大工の腕を惜しんで、最後の屋形船を作って貰ったのを機に、多摩川の浄化を願って「船祭り」（舟おろしの儀）を行う。

一九八二年　53　55歳

信楽手鉢／信楽窯変徳利／信楽自然釉水指／信楽三角盤／信楽大瓶銘「瓶の林」／磁器陶缶／信楽陶缶／信楽三宝／信楽軍配／信楽下駄／信楽達磨／信楽四方盤／慶州土木葉皿／慶州土林檎／慶州土指掻馬上杯／御所丸茶盌
書「炎」

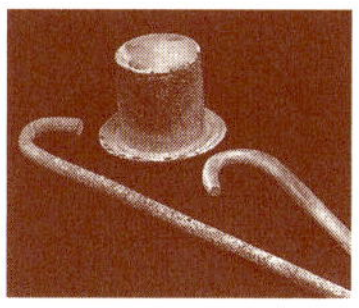
信楽帽子・信楽ステッキ

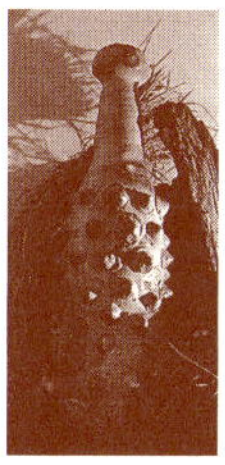
信楽金棒

- 「現代の食器 注ぐ展」（東京国立近代美術館）に〈水注〉〈土瓶〉などを招待出品。（二月）
- 作陶四十五周年を記念して「炎の陶匠　辻清明展」⑮（西武美術館主催）開催。浜松、大津、宇都宮、船橋の各店を巡回。（二月～五月）
- 「現代の茶陶百盌展」（読売新聞社主催）に〈信楽窯変茶盌〉を招待出品。
- 『辻清明器蒐集』（文化出版局）を刊行
- 韓国慶州で作陶、登り窯焼成。（十～十一月）
- 個展（赤坂グリーンギャラリー）開催。（十一月）

⑮この展覧会の図録には、安部公房、林屋晴三、山口諭助、山口長男、清水公照、梅澤信二、流正之、大岡信、小松茂美、村山武、岩井寛、高瀬礼文、杉原信彦、由水常雄、モーリス・パンゲ、乾由明、シャール・シュミット・リヒターら、友人知人が文章を寄せている。

一九八三年　58　56歳

- 「カナダ巡回現代日本陶芸展」（国際交流基金主催）に招待出品。（一月）
- 個展（壺々現）開催。（一月）
- 第二十七回（一九八二年度）日本陶磁協会賞金賞受賞。（二月）
- 米国の陶芸家ピーター・ヴォーコスら（ジャパンソサエティーの一行二〇名）が来訪。ピーター・ヴォーコス、初めての手回し轆轤で制作。（五月）
- 「伝統工芸三〇年の歩み展」（東京国立近代美術館主催）に〈信楽練上陶筥「室生寺」〉〈伊賀柿水指〉を招待出品。（八月）
- 「現代日本陶芸展」（スミソニアン美術館、ビクトリア・アンド・アルバート美術館）に招待出品。
- 「窯祭り」⑯を開催。（十二月）

- 加守田章二（49）歿
- 藤原啓（84）歿

⑯窯まつりは昭和四十年代頃は年に一度催されていたが、久方ぶりのこの年は、二百名余の友人知人が集まった。

一九八四年　59　57歳

- 「日本のやきもの―皿と鉢一〇〇」（サントリー美術館）に〈信楽木葉鉢〉を招待出品。
- 夫婦で仏、伊、東西独を欧遊。（六月）
- 西独での「土と炎 現代日本の伝統陶芸展」（ミュンヘン・ドイツ博物館、デュッセルドルフ・ヘットイェンス博物館／ドイツ陶器博物館、ベルリン民族学博物館、一九八四－八五年）に招待出品。
- 石川県能登町で料理大会を開く。（十月）
- 長野県南安曇郡穂高町有明の新工房着工。

■蕎麦の輪

昭和五十年頃、数学者の高瀬礼文が蕎麦打ちに凝りだしたのを機に、その腕前を披露する「蕎麦打ちの会」が開かれた。（一月）新蕎麦の季節になると、安部公房、ドナルド・キーン、多田美波、堂本尚郎、武満徹、白洲正子、神山繁ほか多くの文化人が辻陶房に集まった。

一九八五年　60　58歳

信楽陶缶／信楽釘掛花生／信楽火襷徳利／信楽杓子／伊賀自然釉青海波四方盤／伊賀陶盤「うねり」

- この年より、石川県立九谷焼技術研修所の非常勤講師になる。（四月）
- 「香炉名品展　現代陶芸一〇〇人展」（河北新報社、新潟日報社主催）に招待出品。（四月）
- 「カール、ウルズラ・シャイド、辻清明、協作陶四人展」（赤坂グリーンギャラリー）開催。（五月）
- 金重素山、鈴木蔵との「三人展」（壺中居）を開催。（十月）
- 「辻清明作品展」（八王子・西武）開催。（十月）
- 辻清明・辻協共著『肴と器と』（講談社）を刊行。

- 荒川豊蔵（91）歿
- 加藤唐九郎（87）歿

西暦	年号	年齢	作品	事項	備考
一九八六年	61	59歳	絵唐津茶盌／絵唐津水指／信楽茶盌「黄河」／信楽窯変茶盌／信楽窯変馬上杯／打鉄文唐津百合鉢／信楽自然釉盃／信楽釘掛花入／信楽如意	•作陶五〇年記念『辻清明作品集』（講談社）を刊行。（三月） •京王百貨店聖蹟桜ヶ丘店のオープン記念として個展開催。（三月） •「第一回日本陶磁協会賞展」（名古屋・松坂屋）に出品。以後、第九回（一九九四年）まで出品する。 •「辻清明・辻協二人展」（穂高陶芸会館）開催。（十月）	•田村耕一（68）歿
一九八七年	62	60歳	信楽自然釉茶盌／信楽茶盌／信楽花生	•加藤淡斎の「草花と出合い展」（日本橋・高島屋）に出品。（二月） •旧聖蹟記念館開館記念「紫香楽焼の流れと辻清明展」開催。（五月） •長野県南安曇郡穂高町有明に一〇年を費やした工房と登り窯が完成する。⑰ •『アート'87』の「辻清明と信楽の魅力」に「物が語る」を執筆。（三月） •「辻清明展」（新潟・三越）開催。  穂高工房	⑰多摩の工房の周辺の開発が進み仕事に支障がでてきたので、新潟県にあった二七〇年を経た民家を解体、新たに設計し直し一〇年かけて完成した。
一九八八年	63	61歳	信楽羅漢花生／信楽耳付羅漢花生／信楽窯変盤／白磁盃／セミコル茶盌／信楽蟹／信楽山羊角杯／信楽陶筥／信楽木葉皿  信楽BOOK	•胆嚢摘出手術を受け、危篤の容態から奇跡的に生還する。（四月） •「近代日本の陶芸」（福島県立美術館）に〈楕円の陶匣〉〈陶盤〉を出品。（三月） •穂高新工房の初窯焼成。（十一月）	
一九八九年	平成元 64	62歳	信楽自然釉羅漢花生／藤沢土花生／伊賀羅漢花生／唐津窯変大盃／信楽自然釉木葉皿／信楽自然釉掛花生	•「第十一回陶芸優秀作家展」（銀座・あすかーる）に出品。（九月） •この頃から岩手県藤沢町の「全国縄文野焼祭」に夫妻で参加。 •金重素山、鈴木蔵との「三人展」（日本橋・壺中居）を開催。（十二月） •この年、ベルギーで開催された「ユーロピア89ジャパン現代陶芸」に招待出品。 •長野県穂高町の工房焼失する。⑱（十二月）	•昭和天皇（87）歿 ⑱半世紀をかけて蒐集した工芸品二〇〇〇点・書籍が灰燼に帰したが、幸い窯焚きをするばかりになっていた登り窯は延焼をまぬがれた。
一九九〇年	2	63歳	信楽変窯羅漢花生／信楽羅漢花生／聚楽掛分茶盌／セミコル茶盌／信楽灰釉丸盤／信楽陶盤／信楽釘掛花入／信楽鯰掛花生／信楽犬／信楽鰈／信楽蕪文丸板皿／信楽陶缶／鉄絵蕪文陶壁／信楽BOOK  信楽大樹  信楽瓶子	•延焼をまぬがれた登り窯で焼き上げた作品で「古信楽と辻清明の世界展」（下関・大丸）開催。（四月） •「現代陶芸と原始土器　土の発見」（滋賀県立陶芸の森陶芸館）に〈信楽大合子「天心」〉〈信楽四方盤〉〈信楽大瓶〉を出品。（六月） •岩手県藤沢「縄文の炎」に企画相談役として参加。岡本太郎、池田満寿夫・佐藤陽子夫妻らに参加を呼びかけて祭を盛り上げる。（八月） •群馬県月夜野町の上越クリスタルの工場でガラス作品に挑戦。⑲（九月） •赤坂の「春秋」の内装、陶壁、やきもの、ガラス器の制作をする。 •「藤原啓記念賞」受賞。（十一月） •この年、陶房の一角に利休の「草庵」を基本に捉えた茶室を作る。	•岡部嶺雄（70）歿 ⑲陶芸家の辻にとって、ガラスと土は別々のものではなかった。辻はガラスに高台をつけ、やきものの作法でガラスを作る。「今こそほんとうの日本のガラスを作る時だ」とは、そんな辻の叫びでもある。

■こだわりの茶室

この年、茶室に手を染め、左官はよりぬきの名人を選んだ。そして、壁土には時代を経た古畳の藁が刻み込まれた。東大寺古材の炉縁、奈良・蒲生寺古材の柱、薬師寺の花頭窓、日光杉の柱、檜肌葺の屋根と、とにかく時間をかけ、納得のいく茶室を建てた。その茶室は、まさに辻の作品でもある。

年		年齢	作品	事項	
一九九一年	3	64歳	信楽窯変BOOK／信楽陶盤／信楽窯変茶盌／信楽自然釉ぐい呑／硝子鯰掛花生／硝子蝸牛文扇面板皿／硝子蕪鉢／硝子筒茶盌／硝子耳付水指／硝子缶型花生／硝子石目流紋大皿／硝子百合鉢／信楽釘掛花入／硝子割山椒／硝子平茶碗／硝子徳利／硝子盃／硝子釘掛花入／硝子注連縄文茶碗	•「酒の器十選」（日本経済新聞社）を連載。（一〜二月） •「千種会」（西武美術館）に出品。 •「TSUJI SEIMEI KERAMIK」（ミュンヘン・フレッド・ヤーンギャラリー）を開催。 •「現代陶芸の美 伝統と技展」（セゾン美術館、大津・西武）に出品。（四月） •「林屋晴三のうつわばなし―陶房を訪ねて 辻清明の世界」（ダンチュウ）で林屋晴三と対談。 •「辻清明の眼 ガラス二千年展」（清春白樺美術館）で蒐集したものを中心にエジプトやローマのガラス、江戸切子などを展示。（四月） •「辻清明 新作のガラス器展」（銀座・吉井画廊）開催。（五月） •「炎の陶匠―辻清明展」（宇都宮・上野百貨店）開催。（十月） •「'91焼き締め陶公募展 陶」（岡山・天満屋）に特別展示と作品を出品。（十月） 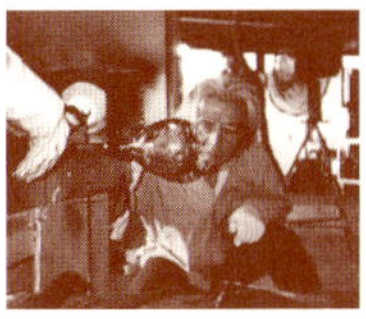 硝子制作	
一九九二年	4	65歳	絵唐津茶盌／絵唐津柳文茶盌／信楽茶盌／唐津四方向付／引出黒茶盌／信楽金銀彩木葉皿／信楽銀彩香合／信楽陶缶／信楽牛角杯／信楽海豚角杯／信楽伽藍香合  信楽自然釉茶碗  信楽鬼桶水指	•金重素山、川瀬竹春、鈴木治、鈴木蔵との「酒器展」（日本橋・雅陶堂ギャラリー）に出品。（一月） •「現代名碗展」（名古屋・第一画廊）に出品。（四月） •松井康成、三浦小平二、鈴木蔵との「平成の陶芸四人展」（池袋・東武）を開催。（六月） •「炎と土との対話から生まれる『宇宙』辻清明展」ボンベルタ伊勢甚水戸店）開催。（六月） •「日本の陶芸『今』百選展」（パリ・三越エトワール他三越巡回）（六月〜二〇〇五年二月） •『春秋 杉本貴志の空間と辻清明の器』（六曜社刊）で杉本貴志と対談。	•藤本能道（73）歿
一九九三年	5	66歳	信楽鳥耳付羅漢花生／信楽花生／信楽自然釉茶盌／信楽窯変水指／信楽耳付水指／信楽窯変盤／信楽茶盌 銘「那智」／刷毛目茶盌／信楽無文丸板皿／信楽窯変耳付水指／信楽自然釉釘形花入／信楽缶形花生／信楽大盤／信楽窯変蕪鉢／信楽手鉢／信楽木葉皿／信楽割山椒向付／信楽銀彩丸板皿／信楽窯変徳利／信楽馬角盃／硝子百合鉢／硝子蕪鉢	•NHK趣味百科「やきものをたのしむ」の講師として一年間夫妻で出演。 •「日本伝統陶芸展」（国際交流基金主催）に招待出品。ゲント市立工芸美術館、東欧、西欧、中南米各地を巡回する。 •「うつわをたのしむ 辻清明の食器・酒器」（日本橋・三越）開催。（四月） •『日本の陶磁』現代編第五巻（中央公論社刊）に作品を収載。（五月） •開廊五周年記念「辻清明―ガラスの器―」（平塚画廊）開催。（七月） •柿傳の夏季大学にて講演。（七月）	•安部公房（69）歿
一九九四年	6	67歳	書「色」	•穂高新工房に用いる英彦山行者杉を製材。 •町田市立博物館で「陶芸家よりみたガラス」について講演。（四月） •「国際現代陶芸展」（愛知県陶磁資料館）に出品。（九月） •「炎と土との対話 辻清明陶芸展」（盛岡・川徳）開催。（十一月） •鳥海山神代杉を木挽にかける。（十二月）	

一九九五年	7	68歳	書「坐辺師友」／書「壺中日月」  神代杉木挽  木挽茶会	・「第一回游茗会展」（日本橋・三越）に出品。以後、第三回展（九七年）まで出品。（四月） ・「美と土との対話 辻清明陶芸展」（高崎・スズラン）開催。（四月） ・「辻清明 やきもの指南」（炎芸術）が巻頭特集される。（五月） ・NHKの「骨董ぶらり旅」に出演。この番組の取材で十代の頃父と一緒に手に取った〈古瀬戸の瓶子〉と、京都の古美術店で出合う。（六月） ・「炎と土の対話 辻清明陶芸展」（山形・大沼）開催。（六月） ・東京・西新宿のOZONEで開催の文化人の愛蔵品コレクション「気になる人達 こだわりのもの達」（リビング・デザインセンター主催）に参加。木挽きにかけた神代杉のテーブルを中心に生活心象風景を演出する。（六月） ・「私の履歴書」（日本経済新聞社）を三〇回にわたり連載する。 ・「現代陶芸小皿展」（ギンザ・コマツ）を企画、出品。 ・立川市女性総合センター一階ホールにて「陶芸と生活文化」について講演。（十月） ・文化庁はじめ関係機関に国立陶芸館設立の要望書を提出。 ・島根県出雲総合芸術文化祭の第一回目として「辻清明 土と炎展」（出雲文化伝承館）を開催。（十一月）	
一九九六年	8	69歳	書「今」／書「雲」／書「花」／書「月」／書「秋」／書「伝承」	・「唐九郎と清明展」（銀座・吉井画廊）開催。（四月） ・「現代日本の陶彫作家展」（彫刻の森美術館）に出品。（四月） ・「辻清明―遊びをせんとや生まれけむ」（別冊太陽 日本のこころ九十三号）を刊行。（四月） ・『焱に生きる 辻清明自伝』（日本経済新聞社）を刊行。（七月） ・『味の手帖』で鈴木治雄と対談。（七月） ・出雲市総合芸術文化祭にて「茶の湯のやきもの器展」を開催。（十一月） ・新発見の加茂岩倉遺跡を見学する。 ・「現代日本陶瓷伏秀作品展」（上海・朱屺瞻芝朮館）に出品、上海を訪れる。（十一月）	・加茂岩倉遺跡で、三九点の銅鐸が発見される
一九九七年	9	70歳	書「雪花」／書「花神」／書「神花」／書「春雪」／書「桃花悟道」／書「アリのまま」／書「地水火風空」	・「NHK衛星放送 やきもの探訪展」（全国巡回展）に出品。（一～十月） ・「小皿展」（ギンザコマツ）開催。（五月） ・中野サンプラザにて「日本のやきもの」（武蔵野美術大学校友会主催）と題して講演。（六月） ・「日本人探訪 辻清明」（正論）で松井英俊のインタビューに答える。（十月） ・国士舘大学創立八十周年の特別記念品を製作。（十一月）	
一九九八年	10	71歳		・「信楽の魅力」（日中文化交流）を執筆。（三月） ・「くらしに生きる安らぎの形展」（日本橋・三越）を開催。（五月） ・島根県大原郡加茂町での銅鐸シンポジウムに参加。 ・東京美術倶楽部にて「焼きものの楽しみ方」と題して講演。（十二月） ・NHK「土曜美の朝『明る寂びを極める』」に出演。	・セゾン美術館閉館 ・走泥社解散
一九九九年	11	72歳	書「信楽」  インスタレーション 伊勢丹美術館	・「作陶六十年記念 辻清明展」（新宿・伊勢丹美術館）開催。（四月） ・『やきもの名鑑(1) 窯変と焼締陶』（講談社刊）に「明る寂びの美」を執筆。（五月） ・『辻清明 折々の古器 我が奔放コレクション』（世界文化社）を刊行。（六月） ・『日本のやきもの 人と作品』（美術年鑑社）に「一塊の土に込める精神の美」インタビュー記事掲載。（十月）	

二〇〇〇年	12	73歳	書「道」／書「空」／書「風神」	•「作陶六十年 辻清明展」(富山・大和)開催。 •出雲国・加茂二〇〇〇年プロジェクトの発起人となり、夫妻で加茂塾・作陶講座講師となる。	
二〇〇一年	13	74歳	 紫香楽宮跡宮町遺跡発掘現場	•「食のうつわ展」(日本橋・三越)に出品。(三月) •宮城県松島の花ごころの湯・新富亭で「辻清明ディナー講演会」を開催。(七月) •『古伊万里 蕎麦猪口 酒器一〇〇〇』(講談社刊)にインタビュー記事が掲載。(七月) •加茂岩倉銅鐸出土五周年記念シンポジウムに出席、作陶講座で指導。(十月) •古美術雑誌『目の眼』三〇〇号記念の「古美術を語ろう!!」のパネラーとして参加。 •『目の眼』に「古美術品 人とものめぐり会い」を執筆。(十二月)	•鈴木治(74)歿 •藤原雄(69)歿
二〇〇二年	14	75歳		•『古伊万里 小皿・豆皿・小鉢一〇〇〇』(講談社刊)に「豆皿によせて」を執筆。 •シンポジウム「加茂塾から ほむら〈炎〉塾へ」に出席、作陶指導。(九月) •加茂塾作陶講座で楽焼を焼成指導。(十一月)	
二〇〇三年	15	76歳		•「日本―写真と陶芸―伝統と現代」(ハンブルグ・ダイヒトーアホール)に出品。(一月) •「酒器展」(日本橋・三越)に出品。(一月) •「八匠展」(日本橋・三越)に出品。(一月) •「茶盌を楽しむ辻清明展」(日本橋・三越)開催。(五月) •『酒器・徳利一〇〇〇 古陶から現代まで』(講談社刊)に執筆。(十月) •「現代日本の陶芸 受容と発信」(東京都庭園美術館)に出品。(十一月)	•加藤達美(74)歿
二〇〇四	16	77歳		•「第四十五回日本陶磁協会賞受賞作家展」(銀座・和光)で辻清明コレクションの古陶磁の酒器などが展示される。(一月) •「贅沢な酒器」(陶磁郎37)で辻清明コレクションの酒器が掲載される。(二月) •「美の陶匠 辻清明展」(空外記念館隆法寺)開催。(十月)	
二〇〇五	17	78歳	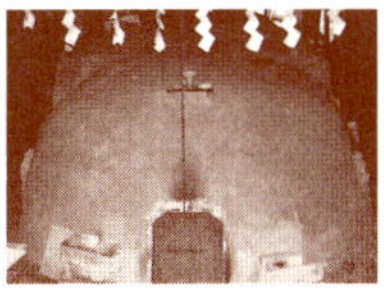 窯 焚き口	•「ルーマニア、日本友好の二〇〇〇希望の星 第一回チャリティー美術展」(玉川高島屋)に出品。(十一月) •「碗の饗宴八匠会展」(日本橋・三越)に出品。(十二月)	
二〇〇六年	18	79歳	信楽窯変茶盌／信楽茶盌／信楽窯変茶盌／聚楽刷毛目茶盌／信楽水指／信楽缶形花生	•この年、最後となった登り窯を焚く。 •東京都より名誉都民に選ばれる。 •「陶匠辻清明 華道家假屋崎省吾展」(青山・梅窓院)開催。(十月)	•三浦小平二(73)歿
二〇〇七年	19	80歳	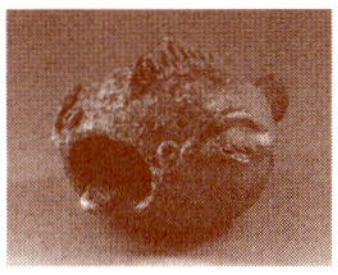 信楽鯰	•「美の陶匠 辻清明傘寿展」(大阪梅田・阪急)開催。(五月) •「三越美術百選展」(日本橋・三越)に出品。(十月)	•島岡達三(88)歿
二〇〇八年	20	81歳		•「辻清明 辻けい 炎の絆展」(ギンザコマツ)開催。(三月) •四月十五日、肝臓がんのため死去。 •「一期一会一軸一盌展」(日本橋・三越)に出品。(五月)	•辻協(77)死去(七月八日)

•(この年譜の作成に当たり、『辻清明作品集』一九八六年、講談社刊の金子賢治編年譜および、『炎に生きる 辻清明自伝』一九九六年、日本経済新聞社刊を参考にいたしました)

TSUJI SEIMEI Personal History

1927	Born January 4th in Setagaya, Tokyo
1941	Established Tsuji Ceramics Research Center. Began firing works using a coal-fueled kiln.
1951	Established Shin-Kojinkai (New Craftsmen Association)
1955	Received Contemporary Lifestyle Craft Association Award Established Tsuji Ceramics Studio in Renkoji, Shimo-Minami-Tama County, built climbing kiln.
1963	Held solo exhibition at Gotoh Museum
1964	Received Japan Ceramics Society Award Invited to exhibit work at "Contemporary International Ceramics Exhibition" (National Museum of Modern Art, Tokyo, and organized by The Asahi Shimbun Company)
1968	Invited to exhibit work at "New Generation of Contemporary Ceramics Exhibition" (National Museum of Modern Art, Kyoto and National Museum of Modern Art, Tokyo)
1969	Held 25th Career Anniversary Commemorative Exhibition (Mitsukoshi Department Store, Nihonbashi)
1971-05	Invited to exhibit work at Japan Ceramic Art Exhibition (organized by The Mainichi Newspapers)
1976	Held 35th Career Anniversary Commemorative Exhibition (Gallery Kochukyo, Nihonbashi) Exhibited at Japan Ceramic Masterpieces Exhibition (Staatliches Museum Schwerin and Dresden City Museum, organized by Nikkei, Inc.)
1979	Exhibited work at "Shigaraki Exhibition" (Isetan Museum, supported by Agency for Cultural Affairs and Nikkei Inc.)
1982	Held 45th Career Anniversary Commemorative Exhibition titled "Master of Fire and Ceramics–Tsuji Seimei Exhibition" (Seibu Museum and other museums throughout Japan)
1983	Received Japan Ceramics Society Award Gold Prize Invited to exhibit work at "Contemporary Japanese Ceramics Exhibition Canadian Tour" (organized by Japan Foundation) Invited to exhibit work at "Japanese Ceramics Today Exhibition" (Smithsonian Museum, Victoria & Albert Museum)
1984	Invited to exhibit work at "Clay and Fire–Traditional Crafts of Contemporary Japan Exhibition" (Deutsches Museum, Munich, Hetjens Museum, Dusseldorf, Ethnological Museum of Berlin)
1986	Published 50th Career Anniversary Commemorative Edition "Tsuji Seimei Catalogue of Works" (Kodansha Ltd.)
1987	Held exhibition at Former Tama Seiseki Memorial Hall Opening titled "The Development of Shigaraki Ware and Tsuji Seimei Exhibition" Built studio and climbing kiln in Hotaka Town, Minami-Azumi County, Nagano Prefecture
1990	Received Fujiwara Kei Memorial Award
1991	Held "Tsuji Seimei New Works in Glass Exhibition" (Yoshii Gallery, Ginza) Held "Tsuji Seimei's Eye–2000 Years in Glass Exhibition" (Kiyoharu Museum)
1992	Invited to exhibit work at "100 Contemporary Ceramic Works in Japan" (Espace des Arts Mitsukoshi Etoile, Paris and other museums throughout Japan)
1995	Held "Tsuji Seimei–Clay and Fire Exhibition" (1st Izumo Arts and Culture Festival, Izumo Cultural Heritage Museum)
1999	Held "60th Career Anniversary–Tsuji Seimei Exhibition" (Isetan Museum)
2006	Received Honorary Citizen Award of Tokyo
2008	Passed away on April 15th

161
淡紫色手付硝子瓶
江戸時代 19世紀 日本
Violet Glass Bottle with Handle
H 13.2×D 5.8×8.5cm
Japan, Late Edo Period, 19th Century

162
藍色硝子徳利
江戸時代 19世紀 日本
Indigo Glass Flask
H 15.4×D 6.6cm
Japan, Late Edo Period, 19th Century

163
鋳造ガラス碗
紀元前3~1世紀 イラン
Cast Glass Bowl
H 7.6×D 14.5cm
Iran, 3rd~1st Centuries BC

164
サンドコアアラバストロン
紀元前6~4世紀 エジプト
Sand-Core Alabastron
H 16.7×D 4.2cm
Egypt, 6th~4th Centuries BC

165
サンドコアアンフォリコス
紀元前2~1世紀 シリア
Sand-Core Amphoriskos
H 15.5×D 4.8×6.5cm
Syria, 2nd~1st Centuries BC

166
サンドコアアンフォリコス
紀元前2~1世紀 シリア
Sand-Core Amphoriskos
H 12.7×D 4.9×6.3cm
Syria, 2nd~1st Centuries BC

167
サンドコアアラバストロン
紀元前6~4世紀 東地中海沿岸域
Sand-Core Alabastron
H 9.2×D 2.9cm
Eastern Mediterranean Coast, 6th~4th Centuries BC

168
吹きガラス手付二連香油瓶
4~5世紀 シリア
Double Unguentarium Flask with Handle
H 20.5×D 3.8×7.0cm
Syria, 4th~5th Centuries

169
マーブルガラス長頸瓶
紀元前後 東地中海沿岸域
Marble Glass Long-Neck Bottle
H 10.5×D 6.0cm
Eastern Mediterranean Coast, 1st Century BC~1st Century AD

170
藍色吹きガラス小壺
3~4世紀 シリア
Indigo Blown Glass Small Jar
H 4.5×D 5.5cm
Syria, 3rd~4th Centuries

171
吹きガラス小鉢
10世紀 イラン
Blown Glass Small Dish
H 4.3×D 11.1cm
Iran, 10th Century

172
藍色吹きガラス碗
8~10世紀 イラン
Indigo Blown Glass Bowl
H 4.6×D 9.5cm
Iran, 8th~10th Centuries

173
白瑠璃碗
5~7世紀 イラン
Facet-Cut Glass Bowl
H 8.0×D 11.5cm
Iran, 5th~7th Centuries

174
ゴールドサンドイッチガラス角板
9~12世紀 シリア
Gold Sandwich Glass Square
H 0.6×D 8.3×8.5cm
Syria, 9th~12th Centuries

175
吹きガラス鳥
5~7世紀 イラン
Blown Glass Bird
H 3.8×D 2.5×5.2cm
Iran, 5th~7th Centuries

176
吹きガラス藍斑杯
5~7世紀 イラン
Blown Glass Cup with Indigo Spots
H 6.5×D 6.1cm
Iran, 5th~7th Centuries

177
金彩花文ガラス皿
18世紀 ポルトガル
Glass Plate with Gold Pigment Flower Motifs
H 1.6×D 15.0cm
Portugal, 18th Century

139
彩陶人物形笛
ナスカ文化 5世紀 ペルー
愛知県陶磁資料館蔵
Human-Shaped Ceramic Flute
with Pigments
H 18.5×D 14.6×15.0cm
Peru, Nazca, 5th Century
Property of Aichi Prefectural
Ceramic Museum

140
彩陶高杯
コクレ文化 6~9世紀 パナマ
愛知県陶磁資料館蔵
Pedestal Plate
with Pigments
H 14.5×D 23.3cm
Panama, 6th~9th Centuries
Property of Aichi Prefectural
Ceramic Museum

141
彩陶高杯
コクレ文化 6~9世紀 パナマ
愛知県陶磁資料館蔵
Pedestal Plate
with Pigments
H 14.0×D 26.5×27.0cm
Panama, 6th~9th Centuries
Property of Aichi Prefectural
Ceramic Museum

142
彩陶高杯
コクレ文化 6~9世紀 パナマ
愛知県陶磁資料館蔵
Pedestal Plate
with Pigments
H 12.0×D 25.0cm
Panama, 6th~9th Centuries
Property of Aichi Prefectural
Ceramic Museum

143
彩陶鉢
コクレ文化 6~9世紀 パナマ
愛知県陶磁資料館蔵
Plate with Pigments
H 7.0×D 28.5cm
Panama, 6th~9th Centuries
Property of Aichi Prefectural
Ceramic Museum

144
如来像
江戸 日本
Statue of Tathagata Buddha
H 35.2cm×D 8.4×12.0cm
Japan, Edo Period

145
東大寺二月堂 香水杓
鎌倉時代 13世紀 日本
Todaiji Temple Nigatsu-do
Long-Handled Water Ladle
L 74.2×H 5.1×D 7.7cm
Japan, Kamakura Period,
13th Century

146
燈籠
江戸時代 日本
Lantern
H 30.0×D 22.0×25.5cm
Japan, Edo Period

147
男神像
江戸時代 日本
Figure of Male Divinity
H 42.0×D 10.0×15.0cm
Japan, Edo Period

148
女神像
室町~江戸時代 日本
Figure of Female Divinity
H 32.0×D 20.5×21.5cm
Japan, Muromachi~Edo Periods

149
大黒像
江戸時代 日本
Figure of Daikoku,
(God of Good Fortune)
H 8.4~13.6cm×D 3.5~8.2cm
Japan, Edo Period

150
恵比寿・大黒像
江戸時代 日本
[Left]
Figure of Ebisu
(God of Good Fortune)
H 14.0×D 4.0×12.0cm
Japan, Edo Period
[Right]
Figure of Daikoku
(God of Good Fortune)
H 9.6×7.2×8.0cm
Japan, Edo Period

151
桃花悟道図
Scroll Painting of
The Peach Blossom Path to
Enlightenment
35.5×53.0cm

152
江月宗玩書清風鉢
江戸時代 17世紀 日本
Bowl with "Seifu" (Pure Wind)
Calligraphy by Kogetsu Sogan
H 10.4×D 48.0cm
Japan, Early Edo Period,
17th Century

153
放参止静掛板
室町~江戸時代 日本
Hanging Board of Pausing
Buddhist Prayer
H 50.0×30.0cm
Japan, Muromachi~Edo Periods

154
笑嶺宗訢墨跡
室町~桃山時代 16世紀 日本
Zen Calligraphy by Shorei Sokin
39.0×52.0cm
Japan, Muromachi~Momoyama
Periods, 16th Century

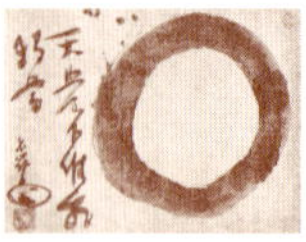

155
東嶺円慈筆円相
江戸中期 18世紀 日本
Enso Zen Circle by Torei Enji
40.0×53.0cm
Japan, Mid-Edo Period,
18th Century

156
辻清吉書
1957 日本
Calligraphy by Tsuji Seikichi
32.5×23.0cm
Japan 1957

157
辻清吉筆六面体
1950年代 日本
Calligraphic Cube
by Tsuji Seikichi
H 5.0×D 5.0cm
Japan 1950's

158
切子硝子盃、切子硝子墨床
• 切子硝子杯 [Right]
江戸時代 9世紀 日本
Cut Glass Cup
H 4.8×D 8.6cm
Japan, Late Edo Period,
19th Century
• 切子硝子墨床 [Left]
江戸時代 9世紀 日本
Cut Glass Ink Basin
H 3.9×D 5.0×8.0cm
Japan, Late Edo Period,
19th Century

159
切子硝子三段重
江戸時代 19世紀 日本
Cut Glass Three-Tiered Box
H 21.0×D 13.7cm
Japan, Late Edo Period,
19th Century

160
紫色下蕪硝子徳利
江戸時代 18~19世紀 日本
Purple Glass Turnip-Shaped
Flask
H 13.5×D 10.7cm
Japan, Late Edo Period,
18th~19th Centuries

121

青花龍文盃
明時代 16世紀 中国
愛知県陶磁資料館蔵
Porcelain Cup with Blue Dragon Motifs
H 3.2×D 8.5cm
China, Ming Dynasty, Reign of Wanli, 16th Century
Property of Aichi Prefectural Ceramic Museum

122

緑釉印花蓮文皿
陳朝時代 14世紀 ベトナム
愛知県陶磁資料館蔵
Green-Glazed Plate with Lotus Stamp Motifs
H 3.0×D 14.0cm
Vietnam, Trần Dynasty, 14th Century
Property of Aichi Prefectural Ceramic Museum

123

鉄絵魚文盃
スコータイ王朝時代 15世紀 タイ
愛知県陶磁資料館蔵
Cup with Iron Brushstrokes of Fish Motif
H 4.6×D 9.5×10.3cm
Thailand, Sukhothai Kingdom, 15th Century
Property of Aichi Prefectural Ceramic Museum

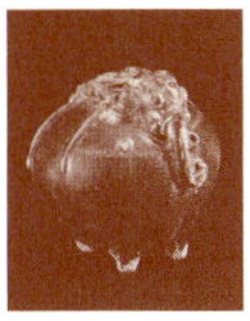

124

褐釉象形壺
クメール王朝時代 12~13世紀 カンボジア
愛知県陶磁資料館蔵
Elephant-Shaped Jar with Brown Glaze
H 16.4×D 15.8×17.5cm
Cambodia, Khmer Empire, 12th~13th Centuries
Property of Aichi Prefectural Ceramic Museum

125

彩陶駱駝
六朝時代 6世紀 中国
愛知県陶磁資料館蔵
Ceramic Camel with Pigments
H 21.7×D 8.5×23.0cm
China, Six Dynasties, 6th Century
Property of Aichi Prefectural Ceramic Museum

126

彩陶牡牛形リュトン
イラン 紀元前1千年紀
愛知県陶磁資料館蔵
Bull-Shaped Ceramic Rhyton with Pigments
H 18.5×D 11.5×19.5cm
Iran, 1000~2000BC
Property of Aichi Prefectural Ceramic Museum

127

褐釉象形盃
スコータイ王朝時代 14~15世紀 タイ
Elephant-Shaped Cup with Brown Glaze
H 6.4×D 5.0×6.8cm
Thailand, Sukhothai Kingdom, 14th~15th Centuries

128

彩陶鶏
南イタリア 紀元前4~2世紀
愛知県陶磁資料館蔵
Ceramic Rooster with Pigments
H 17.0×D 7.0×15.7cm
Southern Italy, 4th~2nd Centuries BC
Property of Aichi Prefectural Ceramic Museum

129

灰陶家形土器
後漢時代 1~3世紀 中国
House-Shaped Earthenware
[Right] H 16.5×D 13.0×13.5cm
[Middle] H 16.5×D 10.0×11.5cm
[Left] H 11.5×D 10.5×11.5cm
China, Late Han Dynasty, 1st~3rd Centuries

130

白地刻線鳥文皿
ビザンチン 12~14世紀
愛知県陶磁資料館蔵
Plate with White Slip and Incised Bird Motif
H 3.8×D 19.2cm
Byzantine Empire, 12th~14th Centuries
Property of Aichi Prefectural Ceramic Museum

131

白地緑黄彩刻線文鉢
10世紀 イラン
愛知県陶磁資料館蔵
Bowl with White Slip, Green and Yellow Pigments and Incised Lines
H 8.7×D 23.0cm
Iran, 10th Century
Property of Aichi Prefectural Ceramic Museum

132

青釉鉄絵鉢
13~15世紀 イランか
愛知県陶磁資料館蔵
Bowl with Blue Glaze and Iron Brushstrokes
H 8.5×D 28.2cm
Near/In Iran, 13th~15th Centuries
Property of Aichi Prefectural Ceramic Museum

133

褐釉スリップ角皿
17~18世紀 イギリス
愛知県陶磁資料館蔵
Rectangular Plate with Brown Glaze and White Slip
H 7.0×D 35.5cm
England, 17th~18th Centuries
Property of Aichi Prefectural Ceramic Museum

134

16世紀頃 イランか
愛知県陶磁資料館蔵
白地青紫彩放射文鉢
Bowl with White glaze and Rotating Motifs in Blue and Purple Pigments
H 10.3×D 22.0cm
Near/In Iran, Approx. 16th Century
Property of Aichi Prefectural Ceramic Museum

135

青彩草花文手付ジャム容器
18世紀 スペイン
愛知県陶磁資料館蔵
Jam Container with Handles and Blue Pigment Flower Motifs
H 5.2×D 11.0×15.5cm
Spain, 18th Century
Property of Aichi Prefectural Ceramic Museum

136

色絵花文スープカップ
18世紀 オランダ
愛知県陶磁資料館蔵
Soup Cup with Enameled Flower Motifs
H 8.1cm×D 13.0×16.0cm
Holland, 18th Century
Property of Aichi Prefectural Ceramic Museum

137

色絵草花文本形瓶
18世紀 ハンガリー
愛知県陶磁資料館蔵
Book-Shaped Container with Enameled Flower Motifs
H 15.6×D 10.2×4.3cm
Hungary, 18th Century
Property of Aichi Prefectural Ceramic Museum

138

彩陶鳥形笛
ガイナソ文化 紀元前1世紀 ペルー
愛知県陶磁資料館蔵
Bird-Shaped Ceramic Flute with Pigments
H 12.3×D 8.8×14.0cm
Peru, Gallinazo, 1st Century BC
Property of Aichi Prefectural Ceramic Museum

Property of Aichi Prefectural
Ceramic Museum

105

唐津盃
桃山時代 16~17世紀 日本
愛知県陶磁資料館蔵
Karatsu Sake Cup
H 5.1×D 6.8cm
Japan, Momoyama Period,
16th~17th Centuries
Property of Aichi Prefectural
Ceramic Museum

106

志野織部草花文徳利
桃山時代 17世紀 日本
Shino-Oribe Sake Flask with
Reed Motifs
H 18.5×D 8.9cm
Japan, Momoyama Period,
17th Century

107

織部松文徳利
桃山時代 17世紀 日本
愛知県陶磁資料館蔵
Oribe Sake Flask with Pine Motifs
H 20.8×D 9.6cm
Japan, Momoyama Period,
17th Century
Property of Aichi Prefectural
Ceramic Museum

108

色絵猿文小皿
愛知県陶磁資料館蔵
江戸時代前期 17世紀 日本
Small Plate with Enameled
Motifs of Monkeys
H 1.8×D 14.3cm
Japan, Early Edo Period,
17th Century
Property of Aichi Prefectural
Ceramic Museum

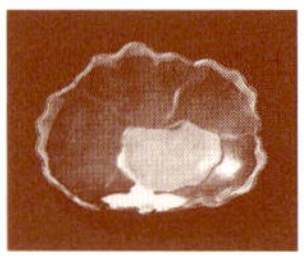

109

色絵花文変形皿
江戸時代前期 17世紀 日本
愛知県陶磁資料館蔵
Distorted Plate with
Enameled Motifs of Flowers
H 3.0×D 12.0×15.5cm
Japan, Early Edo Period,
17th Century
Property of Aichi Prefectural
Ceramic Museum

110

色絵芝垣文六角向付
江戸時代前期 17世紀 日本
愛知県陶磁資料館蔵
Hexagonal Dishes with Enameled
Motifs of Grass Fences
H 6.5×D 7.3cm
Japan, Early Edo Period,
17th Century
Property of Aichi Prefectural
Ceramic Museum

111

把手付蓋壺
伽耶時代 4~5世紀 朝鮮
愛知県陶磁資料館蔵
Lidded Jar with Handle
H 8.9×D 9.0×10.6cm
Korea, Gaya Period,
4th~5th Centuries
Property of Aichi Prefectural
Ceramic Museum

112

狂言袴茶盌
高麗王朝時代 14世紀 朝鮮
愛知県陶磁資料館蔵
Celadon Tea Bowl with
Inlaid Motifs
H 10.0×D 10.0cm
Korea, Goryeo Dynasty,
14th Century
Property of Aichi Prefectural
Ceramic Museum

113

鬼面瓦
統一新羅時代 8世紀 朝鮮
愛知県陶磁資料館蔵
Tile with Demon Face
H 5.5×D 19.8×22.0cm
Korea, Unified Silla Period,
8th Century
Property of Aichi Prefectural
Ceramic Museum

114

白磁徳利 [Right]
朝鮮王朝時代 17世紀 朝鮮
愛知県陶磁資料館蔵
White Porcelain Sake Flask
H 11.5×D 9.3cm
Korea, Joseon Dynasty,
17th Century
Property of Aichi Prefectural
Ceramic Museum

鉄絵盃 磁州窯 [Left]
金時代 12~13世紀 中国
愛知県陶磁資料館蔵
Iron underglaze Cup,
Cizhou Ware
H 4.5×D 4.5cm
China, Jin Dynasty,
12th~13th Centuries
Property of Aichi Prefectural
Ceramic Museum

115

鉄絵馬上杯 鶏龍山
朝鮮王朝時代 15~16世紀 朝鮮
愛知県陶磁資料館蔵
Iron Underglaze Sake Cup with
Tall Foot, Gyeryongsan Ware
H 8.5×D 11.5×12.0cm
Korea, Joseon Dynasty,
15th~16th Centuries
Property of Aichi Prefectural
Ceramic Museum

116

三島徳利 銘 会釈
朝鮮王朝時代 15世紀 朝鮮
愛知県陶磁資料館蔵
Mishima Sake Flask,
named *Esyaku* (Greeting)
H 18.0×D 11.0cm
Korea, Joseon Dynasty,
15th Century
Property of Aichi Prefectural
Ceramic Museum

117

青磁徳利、青磁盃

• 青磁徳利 [Left]
隋時代 6~7世紀 中国
愛知県陶磁資料館蔵
Celadon Sake Flask
H 17.5×D 10.0cm
China, Sui Dynasty,
6th~7th Centuries
Property of Aichi Prefectural
Ceramic Museum

• 青磁盃 [Right]
隋時代 6~7世紀 中国
愛知県陶磁資料館蔵
Celadon Sake Cup
with Tall Foot
H 7.5×D 6.5cm
China, Sui Dynasty,
6th~7th Centuries
Property of Aichi Prefectural
Ceramic Museum

118

黒釉天鶏壺
東晋時代 4世紀 中国
愛知県陶磁資料館蔵
Chicken-Headed Ewer with
Black Glaze
H 23.3×D 21.0cm
China, Eastern Jin Dynasty,
4th Century
Property of Aichi Prefectural
Ceramic Museum

119

白磁獅子形把手付水注
晩唐~五代時代 9~10世紀 中国
愛知県陶磁資料館蔵
White Celadon Ewer with
Lion-Shaped Handle
H 8.5×D 5.5cm
China, Late Tang~Five Dynasties Period, 9th~10th Centuries
Property of Aichi Prefectural
Ceramic Museum

120

青白磁菊花形合子
宋時代 12世紀 中国
愛知県陶磁資料館蔵
Chrysanthemum-Shaped
Bluish-White Porcelain
Lidded Object
H 9.0×D 14.3cm
China, Song Dynasty,
12th Century
Property of Aichi Prefectural
Ceramic Museum

蒐集品

Collection

87

亀形笛

縄文時代晩期 紀元前10~5世紀 日本

愛知県陶磁資料館蔵

Turtle-Shaped Flute

H 3.0×7.5×10.0cm

Japan, Late Jomon Period,
10th~5th Centuries BC

Property of Aichi Prefectural
Ceramic Museum

88

鶏 埴輪

古墳時代 6世紀 日本

愛知県陶磁資料館蔵

Haniwa Clay Figure of a Rooster

H 10.0×5.0×7.0cm

Japan, Kofun Period, 6th Century

Property of Aichi Prefectural
Ceramic Museum

89

朱彩壺

弥生時代 2~3世紀 日本

愛知県陶磁資料館蔵

Jar with Red Pigments

H 33.8×D 29.5cm

Japan, Yayoi Period,
2nd~3rd Centuries

Property of Aichi Prefectural
Ceramic Museum

90

短頸壺 須恵器

平安時代 9世紀 日本

愛知県陶磁資料館蔵

Sue-Style Short Neck Jar

H 10.0×D 13.0cm

Japan, Heian Period, 9th Century

Property of Aichi Prefectural
Ceramic Museum

91

灰釉杉葉文皿

平安時代 9~10世紀 日本

Small Plate with Cedar Leaf
Motif and Ash Glaze

H 2.5×D 12.1cm

Japan, Heian Period,
9th~10th Centuries

92

信楽土管

奈良時代 8世紀 日本

愛知県陶磁資料館蔵

Shigaraki Clay Tube

H 29.3×D 12.5×13.5cm

Japan, Nara Period, 8th Century

Property of Aichi Prefectural
Ceramic Museum

93

渥美壺

平安時代 12世紀 日本

愛知県陶磁資料館蔵

Atsumi Jar

H 35.0×D 31.5cm

Japan, Heian Period,
12th Century

Property of Aichi Prefectural
Ceramic Museum

94

珠洲壺

鎌倉時代 13世紀 日本

愛知県陶磁資料館蔵

Suzu Jar

H 36.0×D 31.0cm

Japan, Kamakura Period,
13th Century

Property of Aichi Prefectural
Ceramic Museum

95

瀬戸瓶子

鎌倉時代 13世紀 日本

愛知県陶磁資料館蔵

Seto Sake Flask For Rituals

H 32.5×D 20.0cm

Japan, Kamakura Period,
13th Century

Property of Aichi Prefectural
Ceramic Museum

96

信楽壺 蹲

室町時代 15世紀 日本

愛知県陶磁資料館蔵

Shigaraki Squatted Jar

H 19.3×D 16.2cm

Japan, Muromachi Period,
15th Century

Property of Aichi Prefectural
Ceramic Museum

97

信楽瓶子

室町時代 15世紀 日本

愛知県陶磁資料館蔵

Shigaraki Sake Flask
for Rituals

H 22.5×D 14.5cm

Japan, Muromachi Period,
15th Century

Property of Aichi Prefectural
Ceramic Museum

98

信楽茶碗

桃山時代 16世紀 日本

愛知県陶磁資料館蔵

Shigaraki Tea Bowl

H 6.5×D 12.5×13.5cm

Japan, Momoyama Period,
16th Century

Property of Aichi Prefectural
Ceramic Museum

99

奥高麗茶碗

桃山時代 16~17世紀 日本

愛知県陶磁資料館蔵

Oku-Gorai Tea Bowl

H 8.3×D 14.5cm

Japan, Momoyama Period,
16th~17th Centuries

Property of Aichi Prefectural
Ceramic Museum

100

信楽風炉

室町時代 16世紀 日本

愛知県陶磁資料館蔵

Shigaraki Furnace Stand
for the Tea ceremony

H 31.5×D 31.0×33.0cm

Japan, Muromachi Period,
16th Century

Property of Aichi Prefectural
Ceramic Museum

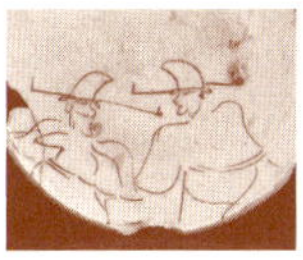

101

志野織部人物文皿(陶片)

桃山時代 16~17世紀 日本

愛知県陶磁資料館蔵

Shino-Oribe Plate Shard
with Motif of Persons

H 1.8×D 11.0×14.0cm

Japan, Momoyama Period,
16th~17th Centuries

Property of Aichi Prefectural
Ceramic Museum

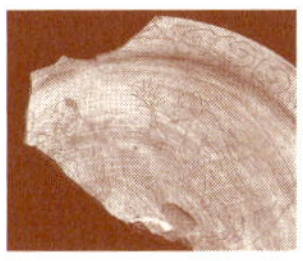

102

唐津刷毛目劃花人物文大皿
(陶片)

桃山時代 17世紀 日本

愛知県陶磁資料館蔵

Karatsu Large Platter Shard
with White Slip, Flower and
Person Motifs

H 6.0×D 17.0×26.2cm

Japan, Momoyama Period,
17th Century

Property of Aichi Prefectural
Ceramic Museum

103

絵唐津天蓋文皿

桃山時代 17世紀 日本

愛知県陶磁資料館蔵

E-Garatsu Plate with Canopy
Motif

H 3.9×D 17.5cm

Japan, Momoyama Period,
17th Century

Property of Aichi Prefectural
Ceramic Museum

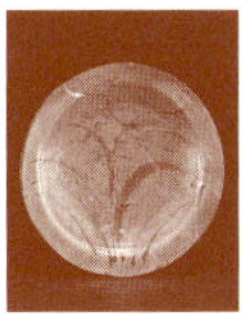

104

絵唐津草花文皿

桃山時代 16~17世紀 日本

愛知県陶磁資料館蔵

E-Garatsu Plate with Reed
Motifs

H 3.8×D 18.0cm

Japan, Momoyama Period,
16th~17th Centuries

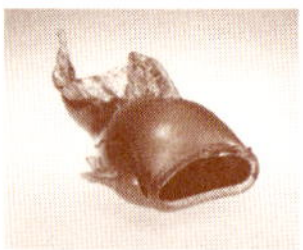
62
硝子鯰掛花生
Glass Catfish-Shaped
Hanging Flower Vase
H 14.0×D 18.5×35.5cm／1991

63
硝子蝸牛文扇面板皿
Glass Fan-Shaped Flat Plate
with Snail Motif
H 4.8×D 21.3×31.0cm／1991

64
硝子蕪鉢
東京国立近代美術館蔵
Glass Turnip-Shaped Bowl
H 17.2×D 22.0×23.0cm／1991
Property of the National Museum
of Modern Art, Tokyo

65
硝子蕪鉢
Glass Turnip-Shaped Bowl
H 11.0×D 21.0×22.0cm／1991

66
硝子蕪鉢
Glass Turnip-Shaped Bowl
H 16.0×D 21.5cm／1991

67
硝子蕪鉢
Glass Turnip-Shaped Bowl
H 15.0×D 18.5×22.5cm／1993

68
硝子手鉢
Glass Bowl with Handle
H 19.0×D 23.0×26.0cm／1991

69
硝子筒茶碗
Glass Cylindrical Tea Bowl
H 10.3×D 9.6×10.2cm／1991

70
硝子耳付水指
Glass Fresh Water Jar with
Handles
H 17.5×D 20.0×27.0cm／1991

71
硝子石目流文大皿
Glass Large Platter with
Wavy Patterns
H 9.5×39.0×40.0cm／1991

72
硝子缶形花生
Glass Can-Shaped Flower Vase
H 26.5×D 13.0cm／1991

73
硝子百合鉢
Glass Lily-Shaped Bowl
H 7.0×D 16.0cm／1991

74
硝子百合鉢
Glass Lily-Shaped Bowl
H 11.5×D 21.0cm／1993

75
書　炎
Calligraphy "Honoo" (Flame)
86.0×59.5cm／1999

76
書　花
Calligraphy "Hana" (Flower)
64.0×98.0cm／1996

77
書　今
Calligraphy "Ima" (Now)
98.0×64.0cm／1996

78
書　風
Calligraphy "Kaze" (Wind)
64.0×98.0cm／1999

79
書　色
Calligraphy "Iro" (Color)
61.0×47.5cm／1994

80
書　花神
Calligraphy "Kashin"
(Flower God)
61.0×99.0cm／1997

81
書　炎花
Calligraphy "Enka"
(Flower of Flames)
30.5×48.5cm／2006

82
書　雪花
Calligraphy "Sekka"
(Snow Flower)
62.0×47.5cm／1997

83
書　伝承
Calligraphy "Densho"
(Folklore)
99.0×63.0cm／1996

84
書　アリのまま
Calligraphy "Ari no Mama"
(Natural State)
60.0×46.5cm／1997

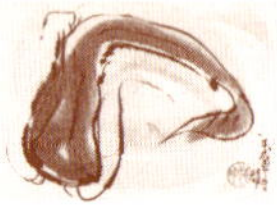
85
鯰図
Painting of Catfish
31.0×46.2cm／1989

86
蟹図
Painting of Crab
51.5×76.0cm／1996

P.7
信楽蕪鉢
Shigaraki Turnip-Shaped
Bowl with Kiln Effects
(作品番号32の別カット。)

P.92
猫図
Painting of Cat
44.0×28.5cm
1979

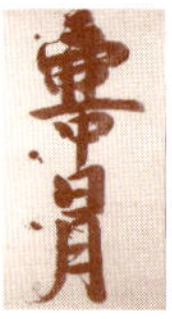
P.9
書　壷中日月
Calligraphy "Kochu Jitsugetsu"
(In a Bottle, Sun and Moon Shine
Eternally)
98.0×55.0cm／1995

P.103
書　坐辺師友
Calligraphy "Zahen Shiyu"
(Learning through
Collecting)
98.0×63.0cm／1995

P.167
書　独歩
Calligrahy "Doppo"
(To Walk Alone)
58.0×46.0cm／1993

Cup with Tall Foot)
H 9.1×D 9.0cm／1986
Property of Ibaraki Ceramic Art Museum

45
信楽窯変徳利
Shigaraki Sake Flask with Kiln Effects
H 14.7×D 9.4cm／1993

46
信楽徳利
山口県立萩美術館 浦上記念館蔵
Shigaraki Sake Flask
H 12.6×D 10.5cm／1965
Property of Hagi Uragami Museum

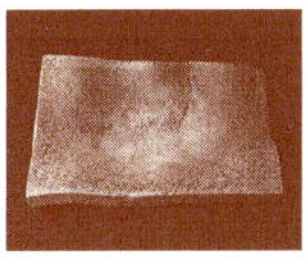

47
伊賀陶盤　銘 うねり
東京国立近代美術館蔵
Iga Ceramic Platter, named *Uneri* (Undulation)
H 15.3×D 37.3×50.0cm／1985
Property of the National Museum of Modern Art, Tokyo

48
信楽盤
茨城県陶芸美術館蔵
Shigaraki Slab
H 3.0×D 27.7×29.3cm／1978
Property of Ibaraki Ceramic Art Museum

49
信楽灰釉丸盤
山口県立萩美術館 浦上記念館蔵
Shigaraki Round Slab with Ash Glaze
H 4.3×D 34.3cm／1990
Property of Hagi Uragami Museum

50
信楽叩き文盤
Shigaraki Slab with Pounded Motif
H 5.5×D 16.5×27.7cm／1988

51
信楽叩き文盤
Shigaraki Slab with Pounded Motif
H 4.5×D 17.9×32.3cm／1993

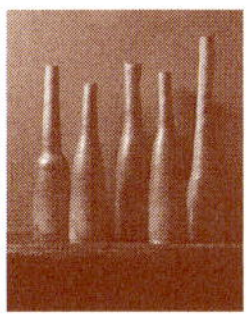

52
信楽大瓶　銘 瓶の林
岐阜県現代陶芸美術館蔵
Shigaraki Large Bottle, named *The Forest of Bottles*
Property of Museum of Modern Ceramic Art, Gifu

[Right1]
H 79.5×D 14.2×16.0cm／1982

[Right2]
H 63.2×D 14.5cm／1982

[Right3]
H 70.5×D 15.0×15.5cm／1982

[Right4]
H 61.0×D 14.5cm／1982

[Right5]
H 69.5×D 16.8cm／1982

53
信楽陶缶
Shigaraki Ceramic Cans
H 13.0~25.5cm　1992~93

54
信楽釘掛花入
Shigaraki Nail-Shaped Hanging Flower Vase

[Right1]
茨城県陶芸美術館蔵
H 33.0×D 5.7×33.0cm　1986
Property of Ibaraki Ceramic Art Museum

[Right2] 信楽釘掛花生
山口県立萩美術館 浦上記念館蔵
H 33.5×D 5.8×9.0cm　1985
Property of Hagi Uragami Museum

[Right3]
岐阜県現代陶芸美術館蔵
H 33.8×D 5.0×9.5cm　1991
Property of Museum of Modern Ceramic Art, Gifu

[Right4]
茨城県陶芸美術館蔵
H 31.0×D 4.0×6.6cm　1990
Property of Ibaraki Ceramic Art Museum

[Right5] 信楽自然釉釘掛花生
愛知県陶磁資料館蔵
H 23.0×D 3.5×6.5cm　1989
Property of Aichi Prefectural Ceramic Museum

[Right6]
H 26.5×D 3.8×5.5cm　1991

55
信楽動物

• 信楽鯰 [Right1]
東京国立近代美術館蔵
Shigaraki Catfish
H 5.8×D 8.5×11.3cm　2006
Property of the National Museum of Modern Art, Tokyo

• 信楽鯰掛花生 [Right2]
Shigaraki Catfish Hanging Flower Vase
H 10.0×D 17.0×23.0cm　2006

• 信楽馬角杯 [Right3]
東京国立近代美術館蔵
Shigaraki Horse-Shaped Rhyton
H 7.0×D 8.0×11.5cm　1993
Property of the National Museum of Modern Art, Tokyo

• 信楽犬 [Right4]
愛知県陶磁資料館蔵
Shigaraki Dog
H 10.5×D 4.3×7.0cm　1990
Property of Aichi Prefectural Ceramic Museum

• 信楽鼈 [Right5]
東京国立近代美術館蔵
Shigaraki Soft Shelled Turtle
H 6.8×D 9.6×17.6cm／1992
Property of the National Museum of Modern Art, Tokyo

• 信楽珍獣 [Right6]
愛知県陶磁資料館蔵
Shigaraki Rare Beast
H 9.5×D 11.0×14.5cm／2006
Property of Aichi Prefectual Ceramic Museum

• 信楽珍獣 [Right7]
東京国立近代美術館蔵
Shigaraki Rare Beast
H 8.8×D 9.2×13.3cm／2006
Property of the National Museum of Modern Art, Tokyo

56
信楽山羊角杯
(箱書:信楽山羊坏)
愛知県陶磁資料館蔵
Shigaraki Goat Rhyton (Box Inscription: Shigaraki Goat Cup)
H 12.5×D 7.5cm／1988
Property of Aichi Prefectural Ceramic Museum

57
信楽窯変 BOOK
Shigaraki Book with Kiln Effects
H 5.8×D 15.0×18.0cm／1988

58
信楽巻貝合子
Shigaraki Conch-Shaped Lidded Object
H 25.0×D 29.0×32.0cm／1970

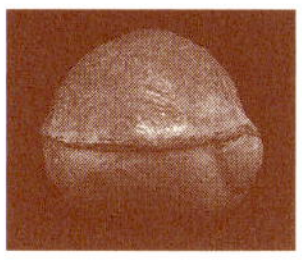

59
越前大合子　銘 大亀
愛知県陶磁資料館蔵
Echizen Large Lidded Object, named Large Turtle
H 34.0×D 36.7×46.4cm／1969
Property of Aichi Prefectural Ceramic Museum

60
信楽陶匣
東京国立近代美術館蔵
Shigaraki Ceramic Box
H 23.3×D 21.5×35.6cm／1970
Property of the National Museum of Modern Art, Tokyo

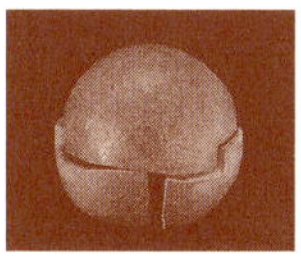

61
信楽大合子　銘 天心
東京国立近代美術館蔵
Shigaraki Large Lidded Object, named *Tenshin* (Heaven's Heart)
H 40.0×D 43.5×45.0cm／1970
Property of the National Museum of Modern Art, Tokyo

17
信楽茶盌　銘 黄河
茨城県陶芸美術館蔵
Shigaraki Tea Bowl, named *Kouga* (Yellow River)
H 8.6×D 12.1×13.2cm／1986
Property of Ibaraki Ceramic Art Museum

18
信楽窯変茶盌
東京国立近代美術館蔵
Shigaraki Tea Bowl with Kiln Effects
H 9.3×D 12.5×13.2cm／1986
Property of the National Museum of Modern Art, Tokyo

19
信楽茶盌
Shigaraki Tea Bowl
H 10.4×D 13.8cm／2006

20
信楽窯変茶盌
Shigaraki Tea Bowl with Kiln Effects
H 9.5×D 12.3×14.8cm／2006

21
唐津井戸茶盌
茨城県陶芸美術館蔵
Karatsu Ido Tea Bowl
H 9.3×D 15.4×15.5cm／1980
Property of Ibaraki Ceramic Art Museum

22
セミコル茶盌
Semigol Korean Clay Tea Bowl
H 8.7×D 15.1×15.2cm／1990

23
絵唐津茶盌
E-Garatsu Tea Bowl
H 9.4×D 12.1×12.8cm／1986

24
聚楽刷毛目茶盌
Juraku Tea Bowl with White Slip Brushstrokes
H 9.5×D 12.5cm／2006

25
信楽自然釉茶盌
Shigaraki Tea Bowl with Natural Ash Glaze
H 9.8×D 11.0×13.5cm／1993

26
信楽自然釉茶盌
Shigaraki Tea Bowl with Natural Ash Glaze
H 9.0×D 11.4×12.0cm／1993

27
信楽自然釉茶盌
東京国立近代美術館蔵
Shigaraki Tea Bowl with Natural Ash Glaze
H 8.3×11.5×12.0cm／1992
Property of the National Museum of Modern Art, Tokyo

28
信楽窯変茶盌
岐阜県現代陶芸美術館蔵
Shigaraki Tea Bowl with Kiln Effects
H 8.8×D 11.8×14.1cm／2006
Property of Museum of Modern Ceramic Art, Gifu

29
信楽自然釉茶盌
Shigaraki Tea Bowl with Natural Ash Glaze
H 9.5×D 12.0×14.0cm／1987

30
絵唐津茶盌
E-Garatsu Tea Bowl
H 10.0×D 11.1×11.6cm／1992

31
引出黒茶盌
愛知県陶磁資料館蔵
Hikidashiguro Tea Bowl
H 9.5×D 10.6×11.0cm／1992
Property of Aichi Prefectural Ceramic Museum

32
信楽窯変蕪鉢
茨城県陶芸美術館蔵
Shigaraki Turnip-Shaped Bowl with Kiln Effects
H 10.0×D 14.0×16.0cm／1993
Property of Ibaraki Ceramic Art Museum

33
信楽手鉢
Shigaraki Bowl with Handle
H 17.0×D 20.0cm／1993

34
打鉄文唐津百合鉢
Karatsu Lily-Shaped Bowl with Dripped Iron Motifs
H 12.0×D 26.0cm／1986

35
信楽自然釉木葉皿
山口県立萩美術館 浦上記念館蔵
Shigaraki Leaf-Shaped Plates with Natural Ash Glaze
H 2.8×D 14.8×17.5cm～
H 3.9×D 16.3×21.5cm／1989
Property of Hagi Uragami Museum

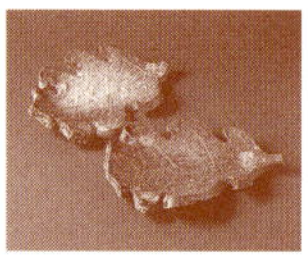

36
信楽木葉皿
Shigaraki Leaf-Shaped Plates
[Right] H 4.1×D 16.1×23.2cm
[Left] H 3.9×D 17.0×22.3cm
1993

37
信楽割山椒向付
Shigaraki Japanese Pepper Bud-Shaped Dishes
H 8.0～8.5×D 12.0～13.0cm／1993

38
信楽金銀彩木葉皿
Shigaraki Leaf-Shaped Plates with Gold and Silver Pigments
H 4.0×D 14.5×37.5cm／1992

39
信楽銀彩丸板皿
Shigaraki Round Plate with Silver Pigments
H 3.3×D 19.0cm／1993

40
唐津窯変大盃
東京国立近代美術館蔵
Karatsu Large Sake Cup with Kiln Effects
H 8.5×D 6.0×10.0cm／1989
Property of the National Museum of Modern Art, Tokyo

41
信楽自然釉盃
Shigaraki Sake Cup with Natural Ash Glaze
[Right] H 6.5×D 7.0cm／1986
東京国立近代美術館蔵
Property of the National Museum of Modern Art, Tokyo
[Left] H 6.0×D 6.5cm／1993

42
唐津盃
東京国立近代美術館蔵
Karatsu Sake Cup
H 6.5×D 7.3cm／1975
Property of the National Museum of Modern Art, Tokyo

43
唐津大盃（箱書：唐津ゆのみ）
茨城県陶芸美術館蔵
Karatsu Large Sake Cup
(Box Inscription: Karatsu Tea Cup)
H 7.0×D 7.8cm／1970's
Property of Ibaraki Ceramic Art Museum

44
信楽窯変馬上杯
（箱書：信楽馬上坏）
茨城県陶芸美術館蔵
Shigaraki Large Sake Cup with Kiln Effects
(Box Inscription: Shigaraki

掲載作品リスト

凡例

- 掲載作品リストは、辻清明作品については、作品名称および所蔵先の日本語表記、作品名称の英語表記、寸法および制作年代、所蔵先の英語表記の順とした。また、収蔵品については、作品名称、制作時代、制作年代、制作地域、所蔵先の日本語表記、作品名称の英語表記、寸法、制作地域と制作時代、制作年代、所蔵先の英語表記の順とした。
- 寸法は、日本語および英語の共通表記とし、高さをH、径をD、長さをLで表した。径(D)は、短径、長径の順で記載した。
- 所蔵先は、公共機関のみを記載した。
- 作品名称と箱書が異なる場合は、箱書名称を記した。
- 作品番号54については、個々の作品について、所蔵先における名称を記した。
- 掲載作品リスト英語訳は青山和平が担当した。

作品
Works

1
信楽窯変羅漢花生
山口県立萩美術館　浦上記念館蔵
Shigaraki Arhat Flower Vase with Kiln Effects
H 28.2×D 18.6×19.1cm／1990
Property of Hagi Uragami Museum

2
信楽羅漢花生
Shigaraki Arhat Flower Vase
H 27.0×D 12.7×13.1cm／1990

3
信楽羅漢花生
愛知県陶磁資料館蔵
Shigaraki Arhat Flower Vase
H 29.7×D 13.8×14.2cm／1988
Property of Aichi Prefectural Ceramic Museum

4
信楽自然釉羅漢花生
Shigaraki Arhat Flower Vase with Natural Ash Glaze
H 29.0×D 13.0×14.3cm／1989

5
信楽耳付羅漢花生
茨城県陶芸美術館蔵
Shigaraki Arhat Flower Vase with Handles
H 28.7×D 15.8×16.0cm／1988
Property of Ibaraki Ceramic Art Museum

6
信楽鳥耳付羅漢花生
東京国立近代美術館蔵
Shigaraki Arhat Flower Vase with Bird-Shaped Handles
H 27.0×D 14.4×14.5cm／1993
Property of the National Museum of Modern Art, Tokyo

7
織部羅漢花生
Oribe Arhat Flower Vase
H 25.5×D 11.2×13.0cm／1960's

8
藤沢土花生
（箱書：伊賀岩手土花生）
東京国立近代美術館蔵
Flower Vase made with Fujisawa Clay
H 25.0×D 12.8×13.5cm／1989
Property of the National Museum of Modern Art, Tokyo

9
伊賀羅漢花生
岐阜県現代陶芸美術館蔵
Iga Arhat Flower Vase
H 27.8×D 15.5cm／1989
Property of Museum of Modern Ceramic Art, Gifu

10
信楽花生
茨城県陶芸美術館蔵
Shigaraki Flower Vase
H 24.8×D 13.8×14.0cm／1993
Property of Ibaraki Ceramic Art Museum

11
信楽耳付水指
東京国立近代美術館蔵
Shigaraki Fresh Water Jar with Handles
H 17.1×D 18.4×23.0cm／1993
Property of the National Museum of Modern Art, Tokyo

12
信楽窯変水指
Shigaraki Fresh Water Jar with Kiln Effects
H 18.5×D 12.2×12.3cm／1993

13
絵唐津水指
E-Garatsu Fresh Water Jar
H 19.5×D 12.5×13.5cm／1986

14
信楽茶盌　銘 那智
東京国立近代美術館蔵
Shigaraki Tea Bowl, named *Nachi*
H 10.3×D 12.2cm／1993
Property of the National Museum of Modern Art, Tokyo

15
絵唐津茶盌
東京国立近代美術館蔵
E-Garatsu Tea Bowl
H 9.7×D 12.2×12.7cm／1992
Property of the National Museum of Modern Art, Tokyo

16
聚楽掛分茶盌
東京国立近代美術館蔵
Juraku Tea Bowl with Poured White Slip
H 10.0×D 11.7×12.2cm／1990
Property of the National Museum of Modern Art, Tokyo

撮影後記――藤森 武

「君の焼き物の写真はいいね。今度、僕の作品を写して下さいよ。骨董品も写してもらって〝辻清明の世界〟否、そんなちっぽけなもんじゃない。〝辻清明の宇宙〟という本を作りたいんだ」。東京・赤坂の小料理店に呼び出されたのは、一九九四年晩秋の頃だった。辻先生は約束の時間前から、飲み続けていたのか、かなり酩酊の様子。

年が明けると、せっかちな先生から連絡があり、辻邸での撮影が始まった。出版社は決まっていない。見切り発車である。一九九五年三月十七日から十日間で一五八カットを撮影。秋には茶室を初め庭の木々、石仏たちを写し、翌春には春爛漫の桜、散る庭を写し、蒐集品も数多く撮影し、正に辻ワールドを写したものである。しかし出版社、未だ決まらず。

そして、十三年が経過した。ここからはこの本が出来上がった経緯を記す。

二〇〇八年二月二十日　清流出版の出版部長・臼井氏と打合せ後、加登屋社長と例の如く焼酎を飲みながらの雑談となる。昔、辻先生と一緒に八王子で飲んだ話だった。僕も辻先生との関係を話し、撮影したフィルムが退色しかかっていて困っていることを話す。社長即座に「ウチで出そうか」。半信半疑で「でも、豪華本でなければ意味がない」と僕はつぶやく。しかし焼酎の力は強かった。社長は出版するというではないか。奥様の協さんに連絡する。辻先生は入院中だった。

二月二十六日「是非出版して欲しいと言われ、心の底から喜ばれています」と辻先生の弟子、山本さんから連絡があった。

三月十日　社長と臼井氏と三人で、連光寺の辻邸へ挨拶に伺う。奥様も喜んでくださった。

四月十五日　辻先生、黄泉の国へと旅立たれる。

六月二十日、六月二十四日　奥様にも快くご協力を頂き、撮影漏れの代表作や近年の作品など十余点を辻邸の二階で撮影。

七月八日　辻夫人、協さん急逝。その後、半年間中断。又、出版は幻に終るか。

二〇〇九年二月二日　加登屋社長の「辻夫妻との約束だから、何としても出版する」の一声で俄然やる気を出す。追加撮影再開。蒐集品五十六点を二日間撮影。これで「辻清明の宇宙」、後世に残せる写真が揃った。

無類で野放図な人生をおくり、独立独歩で信楽土塊の焼締め陶に挑んだ陶芸界の巨星・辻清明。ろくろをひくのに「土のぬくもりが出た時、土に自分の魂が乗り移る」そこまで作品作りに夢中になった人である。短気で気が弱く、いい加減さに腹を立てたりもしたが、何故か憎めない人であった。

装幀、レイアウトは以前、辻作品集を手掛け、焼き物に造詣が深く、小生の本を何冊も格調高く仕上げて下さった旧知の坪内祝義氏にお願いした。

この本は辻清明の遺作集ではない。生前の出版の予定が辻先生が亡くなられた後の出版となったが、辻作品は未来永劫生き続けているのである。

清流出版、加登屋陽一社長の英断と辻家遺族の方々、弟子の山本幸子さんなど手弁当で作り上げたものである。皆々様に感謝する次第である。

平成二十二年　春

藤森　武（ふじもり・たけし）
写真家。一九四二年、東京都生まれ。写真家・土門拳に師事。
仏像や寺院を対象にした写真集を多数刊行。ほかに、
日本の伝統文化をテーマに意欲的な撮影をおこなっている。
出版物に写真集『独楽・熊谷守一の世界』講談社刊、
写真集『秘仏十一面観音』平凡社刊、『白洲正子・私の骨董』求龍堂刊、
『国宝・重文の「茶室」』世界文化社刊、『嚢物の世界』求龍堂刊、
写真集『隠れた仏たち』全五巻　東京美術刊、『信楽古壺大成』小学館刊、
『「鉈彫・荒彫」謎の木彫仏』玉川大学出版部刊、
『日本の観音像』小学館刊、『用の美』上下巻　世界文化社刊、
『丹波の名陶』求龍堂刊。写真集他多数。
日本写真家協会会員、土門拳記念館理事・学芸員。

本書を上梓するに当たり、企画、編集、制作に
多くの方々のご指導と、ご協力を賜りました。
心より謝意を表し、厚く御礼申し上げます。

●

東京国立近代美術館
愛知県陶磁資料館
茨城県陶芸美術館
岐阜県現代陶芸美術館
山口県立萩美術館・浦上記念館

●

浅見龍介
荒川正明
岡野智彦
金子賢治
唐澤昌宏
倉知慶洋
鈴木研児
土田ルリ子
徳岡孝夫
原田一敏
松原　茂
森重恒夫

ブックデザイン——坪内祝義（TOKIデザイン室）
高瀬絢子（TOKIデザイン室）
写真協力——㈲藤森
英文翻訳——青山和平（東空・株式会社）
編集協力——山本幸子
田中葉子
佐川紀子
印刷設計——佐野正幸（図書印刷）

独歩

辻清明の宇宙

二〇一〇年八月八日［初版第一刷発行］

著者――辻 清明
写真――藤森 武
発行者――加登屋陽一
発行所――清流出版株式会社
東京都千代田区神田神保町三-七-一 〒一〇一-〇〇五一
電話 〇三(三二八八)五四〇五 Fax 〇三(三二八八)五三四〇
振替 〇〇一三〇-〇-七七〇五五〇
http://www.seiryupub.co.jp/
〈編集担当・臼井雅観〉
印刷・製本――図書印刷株式会社

ISBN978-4-86029-332-1